철학으로 산다는 것

철학으로 산다는 것

고독과 번민으로 가득 찬 일상을 벗어나
철학자와 함께 떠나는 생각의 여행

강영계 지음

삭막한 삶의 황야에서
잠시 몸을 녹일 온기를 찾을 수 있을까

출퇴근 시간대의 지하철은 예나 지금이나 붐빈다. 처음 지하철에 탔을 때는 학생들 배낭이나 가방에 옷이 걸려 찢어질까 봐 무척 신경이 쓰였고, 도시락에서 새어나온 김치 냄새가 진동하기도 했다. 세월이 흐른 만큼 세상도 많이 변했다.

사람이 많으니 옆 사람들과 가능한 한 신체 접촉을 덜 하려고 꽤 신경이 날카로워진다. 고개를 돌려보면 누구나 초조하고 불안하며 바쁜 눈길이다. 요즘에는 남녀노소 할 것 없이 스마트폰에 얼굴을 묻은 채 손가락과 눈동자를 움직일 뿐이다.

가끔 나는 존재의 심연에서 터져 나오는 답답함을 참을 수 없어서 사람들에게, 그리고 나 자신에게 큰 소리로 묻고 싶어진다.

"당신들은 누구인가?"

"나는 누구인가?"

동서고금을 통해 지식인들은 완전하고 절대적인 삶과 인간을 궁극적인 목적으로 삼고 성인군자와 이상 국가를 실현하기 위해 온갖 노력을 기울였다. 그런데 21세기 인간상은 어떤 모습인가? 붐비는 지하철에서 스마트폰에 얼굴을 파묻고 있는 인간과 그 삶이 완전하고 절대적인 것일까?

인간은 생각하고 배울 줄 아는 이성적 동물이다. 그런데 태어나서 성인이 될 때까지 수많은 지식을 흡수해야 한다는 것은 현대사회에서의 삶이 그만큼 각박하다는 뜻이다. 그리고 대부분의 지식은 돈과 명예와 지위를 획득하는 수단으로써 역할을 다하면 폐기 처분된다. 물질적 행복을 얻기 위해 우리는 끊임없이 새로운 지식을 배우지 않으면 안 된다.

그런데 잠깐이라도 여유가 생기면 이런 생각이 든다.

'병들면 돈이고 명예고 지위고 다 쓸모없어. 사는 동안 아프지 않고 건강한 것이 행복한 거야. 죽으면 모든 것이 끝나는데도 사람들은 천년만년 살 것처럼 돈과 명예와 지위에 집착해. 오히려 결과적으로는 버리기 위해 배우는 것이 아닐까?'

배우는 목적은 삶을 반성하고 창조하기 위한 것일 텐데도 우리들은 욕망의 노예로 전락하여 어딘가로 바삐 달려간다. 말이 좋아 진리와 선과 아름다움을 배운다고 하지만, 욕망 충족을 위한 수단만 배울 뿐이다. 풍경을 느긋하게 바라볼 여유도 없이 허겁지겁 삶의 길을 달려오다가, 어느새 늙고 힘없는 노인이 되어 혼자서 이런 말을 되뇌지 않는다고 누가 장담할 수 있을까?

"가족과 자식을 위해 열심히 살아왔어. 남들처럼 먹고살기 위해 한눈팔지 않고 노력했다고. 그런데 내가 왜 이렇게 됐지? 도대체 나는 어떤 사람일까? 누가 속 시원하게 '너는 바로 이런 사람이야!'라고 말해 줄 사람은 없는 걸까?"

인간은 문화와 역사를 창조하며 동시에 그것들에 의해 재창조되기도 한다. 즉, 인간은 가치 지향적이다. 인간은 자연 사실만을 탐구하지 않고 진리, 윤리, 미적 가치를 탐구하면서 문화 창조자이자 피조물의 역할을 수행한다. 그런데 이런 탐구는 삶에서 느림과 여유를 누려야 비로소 가능하다.

물질적 욕망 충족에만 찌든 현대인에게는 느림과 여유가 깃들 틈이 없다. 시뮬라시옹과 하나가 된 욕망의 기계는 물질적 욕망이 충족되는 순간, 다시 밀려드는 갈증과 허기를 채우기 위해 덤벼든다. 스마트폰에 얼굴을 파묻고 있는 남녀노소는 시뮬라시옹의 노예가 된 사실도 모르고 눈동자와 손가락을 놀리는 것이다.

느림과 여유의 삶은 결코 돌이킬 수 없는 희미한 기억의 단편에 불과한지도 모른다. 컴퓨터 게임, 스마트폰에서 쏟아지는 정보의 홍수, 로또, 주식, 사방팔방에 널려 있는 상업주의의 현실이 현대인을 욕망의 나락으로 밀어붙이기 때문이다. 나보다 크고 강한 타인들이 나를 초라하게 만들고, 보이는 것은 무엇이든 집어삼킨다. 그러다 보니 현대인은 불안에 떨고 절망한다. 불안과 절망이 반복되면서 삶은 회색빛 권태로 물든다. 수많은 청년 실업자들은 괜찮은 일자리를 찾아 스마트폰에 얼굴을 파묻고 눈동자와 손가락을 놀린다. 기성세대는 주식, 복권, 부동산 등 욕망의 대상을 뒤져보기 위해 스마트폰에 얼굴을 파묻고 있다. 이는 영화처럼 다람쥐 한 마리가 숨을 할딱거리면서 죽을힘을 다해 쳇바퀴를 돌리는 장면으로 오버랩된다. 쳇바퀴는 다람쥐의 욕망을 충족시켜 주는 시뮬라시옹이다.

고대 그리스 철학의 이성이 추구하는 완전성과 기독교의 신앙이 추구하는 절대성이 융합된 문화 역사의 결과가 시뮬라시옹에 놀아나는 욕망의 기계라는 사실은 적나라한 역설처럼 느껴진다. 그런데 완전성과 절대성은 결국 허구이고, 허구는 길고 긴 역사의 수레바퀴가 돌아가는 사이에 인간의 욕망의 대상이 되었다. 그러니 완전성과 절대성이라는 허구에 물든 삶은 퇴폐와 허무라는 열매를 맺을 수밖에 없다.

불안과 절망의 심연에서 어떻게 하면 느림과 여유의 삶을 맛볼 수 있을까? 어떻게 하면 '철학으로 산다는 것'의 의미를 경험할 수 있을까? 장자와 『우파니샤드』와 『바가바드기타』, 나가르주나를 들여다보면 혹독하고 삭막한 삶의 황야에서 잠시 몸을 녹여주는 온기를 찾을 수 있을까?

언젠가 불경에서 읽은 듯한 글귀가 떠오른다.

"깨달으려고 하지 말라. 깨달으려고 애쓰면 깨달음에 집착하여 결코 깨달을 수 없다. 너무 많이 생각하지 말라. 그러면 머리에 불이 나서 병에 걸리기 쉽다. 원래 깨달음이란 없다."

열반은 마음의 촛불을 불어 끈다는 뜻이라고 한다. 마음이 원래 없는 것이라면 어떻게 마음의 불꽃을 끌 수 있을까? 느림과 여유의 삶을 찾으러 멀고도 험한 길을 떠났지만, 내 마음 한구석에는 본래 마음도 없고 느림과 여유도 없는 것이라는 속삭임이 잔잔히 들려온다.

차례

글을 마치며

자기 성찰의 문을 조금씩 두드릴 때, 비로소 그 문이 조금씩 열리리라 264

하나,

'일상적인 나'는 누구인가

출근 시간에 우연히 강남대로를 지나간 적이 있다. 말끔하게 차려입은 남녀노소가 걸음도 당당하게 으스대듯 어디론가 바삐 걸어가고 있었다. 모두들 삶이 만족스럽고 자랑스럽다는 듯한 표정이었다. 그러나 눈동자는 초점이 흐리고 불안의 그림자가 어려 있었다. 사람들은 자발적으로 걸어가고 있다고 믿지만, 실은 '현대사회'라는 보이지 않는 커다란 컨베이어벨트가 쉬지 않고 욕망 충족의 늪으로 사람들을 끌고 간다.

어떻게 보면 우리 모두 너 나 할 것 없이 사회라는 거대한 컨베이어벨트에 놓여 어디론가 굴러가는 사회의 부속품으로 이미 전락

했는지도 모른다. 그래서인지 현대인에게는 개성이 없고 인간다움의 향기가 없다. 비싸고 향기롭지만 인위적인 향수 냄새를 풍긴다. 도로가 꾸물대며 기어가는 듯 보일 만큼 수많은 자동차와 어디를 가든 가로막고 선 아파트를 보면 현대 한국인들의 정신 자세가 어떤 것인지 궁금해지곤 한다.

강변북로를 달리면 바로 옆으로 아파트가 떼를 지어 지나친다. 강 건너 강남을 바라보면 빽빽한 아파트가 강변을 숲처럼 장식해서 숨 한 번 내쉴 수 없을 정도다. 야경을 내려다보며 아파트들을 바라보면 머릿속에 떠오르는 장면에 소스라치게 놀라곤 한다. 아파트는 순식간에 무수한 닭장으로, 다람쥐장으로 바뀐다. 아빠 닭, 엄마 닭, 새끼 병아리가 비좁은 닭장 속에서 이리저리 움직인다. 아빠 다람쥐, 엄마 다람쥐, 새끼 다람쥐는 저마다 쳇바퀴를 돌리면서 인생은 즐겁고 행복하며 살 만한 가치가 있다고 웃음을 터뜨리는 것만 같다.

이렇게 사회라는 거대한 컨베이어벨트가 실어 나르는 대로 굴러가면 일상적이 된다. 일상적인 내면을 깊고 자세히 들여다보면 그곳에서 전개되는 광경에 놀라서 숨조차 쉬기 힘들 정도다. 뇌물과 선물을 구분 못하는 관리들이 많고, 사립이나 공공기관의 이사장 중에 대학이나 기관을 자기 소유의 구멍가게로 알고 제왕처럼 군림하는 것을 당연하다고 생각하는 경우도 있다. 또 중소기업이나 대기업의 사장이나 회장 역시 왕처럼 떠받들어주길 바란다. 공동체 의식은 물론이고 자유, 평등, 박애와 같은 민주주의의 기본 의식도 찾아보기 힘들다.

일상적인 나는 곪을 대로 곪고 썩을 대로 썩어 있기 때문에 너무 지쳐 있다. 말로만 자기반성, 자기비판, 자기 창조를 이야기할 뿐, 실은 기진맥진하여 거대한 '사회 벨트'가 실어 나르는 대로 막연히 굴러가고 있다. 그런데도 일상적인 나는 어떻게 생명을 유지할까? 지배욕과 이기욕이라는 원초적 욕망이 욕망 충족을 강하게 원하므로 당장이라도 지쳐 쓰러질 것만 같으면서도 숨을 헐떡이면서 사회라는 벨트 위에서 끈질긴 생명줄을 놓지 않는다.

이런 막다른 골목에서 일상적인 나는 더 이상 인간이기를 포기해야만 할까? 일상적인 나는 사방에서 엄습하는 불안을 극복할 힘이 없다. 어쩌다 보니 결혼은 했지만 아이를 키울 엄두가 나지 않아 아이를 가져야 할지 고민한다. 대기업에서 일해도 몇 년 버티면 퇴직해야 하니 미래가 항상 불안하기만 하다. 삶의 절망은 쓰나미처럼 자주 일상적인 나를 덮친다. 불안과 공포가 한꺼번에 나를 억누른다. 공포는 대상이 뚜렷한 두려움이고, 불안은 막연한 두려움이다. 공포의 원천은 불안이다.

앞으로 몇 년 안에 퇴직을 권고받는다고 생각하면 공포가 밀려온다. 뚜렷한 대안이 없는 상태에서 몇 푼의 퇴직금으로 무엇을 할 수 있을지 앞날이 막막하다. 여기저기에서 발생하는 범죄나 자살 역시 공포의 대상이다. 종합병원 중환자실과 요양원에서 질병이나 죽음과 사투를 벌이는 것 또한 공포의 대상이다. 이러한 공포의 뿌리는 앞날이 불확실한 데서 오는 불안감일 것이다. 인간 존재의 원천은 불안이기 때문이다.

삶은 늘 불확실하기 때문에 나와 타인, 자연과 환경을 지배함으로써 이기적 욕망을 충족시키고 자신의 존재를 견고하게 만들려고 한다. 미성숙하고 불완전한 아이들은 불안을 극복하기 위해 삶을 체험하고 배우면서 나를 완전하게 성숙시키는 지난한 과정을 견디지 않으면 안 된다. 한결같은 나, 불변하는 자아란 결코 불가능한데도 인간은 완전하고 절대적인 인간 존재만이 불안을 극복할 수 있다고 생각한다.

도대체 일상적인 나는 누구인가? 모든 것을 끊임없이 의심하고, 불안을 극복하려고 몸부림치지만 절망의 늪에 빠져서 허덕이는 일상적인 나는 누구인가? 일상적인 나는 역사적, 문화적, 사회적 껍질이자 허구에 불과한 것일까?

그러나 일생에 걸쳐 몇 번밖에 일어나지 않는 사건이 있다. 바로 일상적인 나의 껍질을 송두리째 벗어던지는 일이다. 발가벗는 것이자, 나아가서는 나라는 존재가 산산이 부서져 무념무상(無念無想)과 하나가 되는 체험이다. 일상적인 나의 허물을 벗어버린다면 배움은 실용성을 떠나 순수한 경탄을 맛보게 되지 않을까?

흘러가는 구름, 이름 없는 야생화, 땅에 뒹구는 자갈, 산, 들, 짐승, 사람……. 배움의 대상은 무궁무진하다. 촛불을 불어 끄려는 열린 마음이 있다면 우주 만물이 스승이 될 것이다. 20대 후반에 우연히 오줌 항아리 할아버지 조 노인과 만난 기억이 떠오른다. 지금도 조 노인을 떠올리면 '일상적인 나'는 나도 모르게 사라지고 아무것도 남지 않는 무념무상으로 향한다.

대학원생 여름방학 때, 친구 기철과 함께 전남 보성 산골에 자리 잡은 기철의 집에 며칠 머물렀다. 수도나 전기도 없는, 그야말로 말 그대로 시골집이었다. 90이 넘은 기철의 할아버지 조 노인은 아침마다 오줌 항아리를 들고 집에서 떨어진 밭에 가서 정성스레 거름을 주었다. 나는 초라한 시골 주막에서 소주와 김치를 대접하면서 조 노인과 이야기를 나누었다.

"할아버지, 농사일 힘드시죠?"

"힘들지. 세상 일이 다 힘들지, 어디 농사만 힘들겠어? 어려서부터 밭농사만 지었어. 농사 말고는 할 줄 아는 게 없어."

"평생 농사만 지으셨으면 농사에 관해서는 잘 아시겠네요? 젊은 이들이 할아버지께 많이 배우겠어요."

"그런 거 없어. 밭농사가 어렵긴 해도, 여태까지 그럭저럭 자식들 공부는 시킬 수 있었지. 열심히 농사지은 것밖에 없어. 물론 홍수나 가뭄 때문에 농사를 망칠 때도 많아. 그래도 포기하지 않고 무조건 열심히 한 거야. 저기 밭 좀 보게나. 나중에 기철이가 물려받으면 좋겠지만, 서울에서 대학원 공부까지 하는데 물려받겠어? 그래도 기철이 땅이 될 테니 나는 죽는 날까지 열심히 농사나 지으면 돼."

"자녀분들도 살 만큼 사시는데, 연세도 있고 하니 편히 쉬고 싶지 않으세요?"

"그런 소리 마소. 농사가 천직이니까 움직일 수 있을 때까지 농사를 지어야지. 빈둥댔다면 벌써 온갖 병은 다 앓다가 저세상 사람이 되었을걸. 큰 욕심 안 부리고 내 새끼들 보살피면서 열심히 농사짓는 것이 내 인생의 전부일세."

조 노인을 떠올리면 인간과 사회에 대해 다시 생각해 보게 된다. 마르쿠제가 『일차원적 인간』에서 언급한 일차원적 인간과 일차원적 사회는 무슨 의미일까? 간단히 말하면 단세포적 인간과 사회를 뜻할 것이다.

현대 이전, 인간의 삶은 물질적으로는 풍요롭지 못했지만 꿈과 낭만이 있었고 삶의 방식은 다원적이었다. 어릴 때부터 강제로 영어를 배우고, 초등학교와 중고등학교에 올라가면 학원에서 국영수를 배우지 않으면 안 되는 사회는 일차원적 사회다. 일차원적 사회는 돈과 권력뿐이다. 욕망의 기계인 현대인이 충족시키려고 발버둥치는 대상도 돈과 권력이다.

과거 원시시대에 비해 정신석 문화와 물질적 문명이 엄청나게 발달한 것이 사실이다. 그러나 고도로 발달한 현대의 내면을 들여다보면 현대 문화와 문명은 원시시대나 다를 바가 없다. 현대사회는 후기 자본주의 산업사회로, 디지털-사이버 후기 자본주의 사회,

더 자세히 말해 자동기기에 의한 가상공간이 주도하는 후기 자본주의 사회다. 후기 자본주의 사회는 자본, 노동, 생산수단과 아울러 정보와 아이디어가 생산관계를 결정한다.

디지털-사이버 후기 자본주의 사회에서 가장 특징적인 것은 무한 질주하는 자아다. 사회 구성원인 개인은 무엇을 목적으로, 어떤 방식으로 무한 질주하는가? 곁눈질할 틈도 없이 자동기기에 의한 가상공간 사회에서 돈과 권력을 목적으로 삼아 내닫기만 하는 삶의 유형은 어떠한지 살펴볼 필요가 있다.

내가 아는 교수 중 한 명은 미국에서 경제학 박사학위를 마치고 30대 초반에 귀국하여 50대 중반이 넘도록 대학교수를 하면서 20여 년 동안 기러기아빠 생활을 해왔다. 그가 귀국할 때 아내와 아들 둘도 때가 되면 귀국하겠다고 했지만 차일피일하다가 미국에 눌러앉았다. 지방에서 고등학교와 대학을 나온 그와 아내는 자식들만큼은 그들과 같은 서러움을 절대로 겪지 않게 하겠다고 다짐했다. 자식들의 성장과 교육을 통해 자기들이 누리지 못했던 삶을 보상받으려 한 것이다. 이제 그는 학기 중에는 형식적으로 강의하고 방학만 되면 기러기가 되어 미국으로 날아갈 생각 말고는 아무런 삶의 낙이 없는 무능한 교수로 전락하고 말았다. 주변 사람들은 그가 정신과 상담이 필요한 것은 아닌지 걱정할 정도다.

그런데 이것이 혼자만의 책임일까? 욕망의 속도가 불어나기 시작하여 무한 질주하다가 스스로를 억제하지 못한 직접적인 책임은 개인에게 있다. 그러나 사람은 사회적 존재다. 옆에서 이런 상황을 방관하거나 달콤한 말로 아첨하고 부채질한 이 사회의 구성원 모두가 직간접적인 공범이다.

공정한 사회와 문화 선진국은 하루아침에 이루어질 수 없다. 물론 사회를 이끄는 엘리트의 의식이 맑아야 하지만, 한층 더 나아가 사회 구성원 개개인이 자유와 평등의식을 확고히 해야 한다. 열린 의사소통은 공정한 사회로 가는 지름길이다. 욕망을 조절할 줄 모른다면 개인은 물론이고 사회와 국가의 파멸도 막을 수 없다.

눈을 크게 뜨고 국제사회를 바라보자. 지금 이 순간에도 세계 여러 곳에서 유·무형의 끔찍한 전쟁이 벌어지고 있다. 전쟁터에서 난무하는 것은 무한 질주하는 자아다. 일상적인 나의 욕망은 역사와 문화를 부정하며, 인격체 인간을 무화(無化)하고, 스스로의 존재 자체를 몰살시킨다는 사실을 잊으면 안 된다.

둘,

반복되는 권태,
좌절하는 삶은 영원한가

불안과 좌절과 절망은 항상 서로 붙어 다닌다. 사람은 느림과 여유가 없으면 정신없이 바쁘고 불안할 수밖에 없다. 불안한 생활이 오랫동안 계속되면 좌절하여 깊은 절망의 수렁에 빠지게 된다. 우리는 정신적인 면과 물질적인 면으로 삶을 구분하지만 이 두 가지는 실은 하나이므로, 정신적으로 불안한 사람은 물질적인 삶 역시 안락하거나 풍요로울 수 없다. 정신적으로 불안하면 불행할 수밖에 없고, 불행하면 좌절과 절망에서 헤어 나오기 힘들다.

남녀노소 누구나 성인이 되기 전에 질풍노도와 같은 불안, 좌절, 절망의 파도를 한두 번쯤은 넘는다. 시대와 지역, 가정 내지 사회적 상황 때문에 일생 동안 삶과 죽음의 갈림길에서 불안, 좌절, 절망만을 맛보다가 처절한 최후를 맞이하는 사람들도 헤아릴 수 없이 많다. 이라크, 레바논, 아프가니스탄, 수단, 시리아 등에서는 전쟁의 아비규환이 그칠 줄 모르고, 대부분의 사람들은 불안, 좌절, 절망이 일상적인 삶인 줄 착각할 정도다. 독재 국가에서 인간답지 못한 삶을 살아가는 사람들 또한 불안, 좌절, 절망만 느낄 뿐이다.

한편 선진 문명국가에서 고도로 발달한 사회 문화를 누린다는 사람들도 여유를 박탈당하고 있다. 돈과 권력이라는, 눈에 보이지 않는 또 다른 억압에 갇혀 있기 때문이다. 강제수용소에 갇혀 짐승처럼 대우받는 사람이든, 돈과 권력이라는 억압에 갇힌 사람이든, 끊임없이 돈과 권력을 추구하는 선진 문명국의 욕망의 기계든 간에, 현대의 인간은 모두 불안, 좌절, 절망으로 인해 무력감을 느낀다. 그리고 불안, 좌절, 절망에 익숙해져서 반항할 줄도 모르고, 이를 극복할 생각은 꿈도 꾸지 못한다.

흰쥐를 대상으로 한 무력감에 대한 심리학 실험이 있다. 직사각형 상자 한가운데에 세로 선을 그은 함석판을 깔고 A와 B로 반을 나누어 각각 전기가 흐르게 한다. 흰쥐를 상자에 넣고 처음에는 전기가 흐르지 않게 하다가 흰쥐가 있는 A에 전기를 흐르게 하면 전기가 흐르지 않는 B로 도망간다. 이번에는 B에 전기를 흐르게 하고 A에 전기가 흐르지 않게 하면 흰쥐는 다시 A로 도망간다. 그러다가 A와 B 모두에 전기가 흐르게 하면 흰쥐는 A와 B를 잽싸게 왔다 갔다 하다가 어디에서든 전기를 피할 수 없다는 사실을 깨닫는다. 그러면 포기하고 좌절과 절망에 빠져서 무력해진다.

어떻게 보면 흰쥐와 인간은 거의 차이가 없다. 크고 작은 각종 사고나 지진, 홍수, 가뭄 등 천재지변 앞에서 인간은 흰쥐보다도 맥을 못 추곤 한다. 그래서인지 불안, 좌절, 절망, 허무와 죽음 앞에서 떨고 있다.

그러나 인간은 역사와 문화를 창조하고 자기 자신을 반성하고 가치 지향적인 존재로 성숙시키면서 진선미를 추구하는 존재로서 다른 동물과 질적으로 구분된다. 무엇보다 자기 자신, 곧 자아를 완전하고 절대적으로 만들기 위해 학문, 윤리, 예술, 과학, 종교 등을 발전시키고 궁극적으로는 무념무상이라는 존재론적 빅뱅까지 현실적으로 체험하려고 시도한다.

덴마크의 우울한 왕자 햄릿을 연상시키는 키르케고르는 불안과 절망을 안고 코펜하겐 길거리에서 죽는 순간까지 이를 극복하기 위해 몸부림친 실존주의 사상가다. 그는 실존주의 철학자라기보다는 실존주의 기독교 신앙인에 가깝다.

키르케고르의 불안의 씨앗은 아버지로부터 시작된다. 어릴 적에 그는 아버지와 함께 해변에 간 일이 있었다. 아버지는 울부짖으면서 하나님을 원망했다. "하나님! 저는 열심히 살아왔는데도 왜 가난과 병에서 벗어나지 못하나요? 전지전능하신 하나님이 저같이 성실한 사람을 위해 아무것도 하지 않는다면 아예 하나님이 없는 편이 나을 것입니다. 하나님은 정말 신앙의 대상이 될 자격이 전혀 없습니다." 키르케고르는 죽을 때까지 아버지의 불신을 잊은 적이 없었다. 하나님에 대한 아버지의 저주가 키르케고르의 삶에 불안의 씨앗이 되었던 것이다.

키르케고르는 목사가 되고도 존재에 대한 불안감을 떨쳐버리지 못했다. 그가 실존주의 철학자가 된 결정적인 사건은 레기네 올센과의 약혼 및 파혼이었다. 키르케고르는 현모양처감인 레기네 올센과 결혼하면 불안의 씨앗을 없앨 수 있으리라는 기대감에 차 있었다. 그러나 항상 불안감을 떨치지 못하던 키르케고르는 약혼한 이후 줄곧 고뇌에 시달리다가, 파혼을 선언하고 덴마크를 떠나 독일로 향했다.

말도 안 되는 핑계 같지만, 키르케고르가 파혼한 이유는 실존적이었다. "자신도 제대로 책임지지 못하고 자신의 삶도 행복하게 이끌어갈 줄 모르는 내가 다른 사람의 인생을 어떻게 책임질 수 있겠는가? 그건 분명히 사기야!" 키르케고르의 외침은 『이것이냐 저것이냐』라는 그의 저서에서 가슴에 와 닿을 만큼 절절하게 표현되어 있다.

『이것이냐 저것이냐』에서 키르케고르가 연애, 결혼, 신앙에 관해 자신의 삶을 결단하는 실존의 단계를 요약해서 살펴보자. 혼자 살면 불안, 좌절, 절망을 느낀다. 청소, 빨래, 음식 등을 모두 책임지고 혼자서 해야 한다. 게다가 집에 들어오면 반기는 사람도 없이 죽음보다 고요한 적막만 가득하다. 혼자 사는 것은 불행하므로 독신 남녀는 허기진 짐승처럼 짝을 구한다. 짝을 구해서 연애하고 불타는 사랑을 하면, 짝이 있다는 안도감을 찾을 수 있고 육체적 쾌감도 느낄 수 있으며 힘들 때 위안을 받을 수 있기 때문에 이제야 삶의 행복을 찾았다고 생각한다. 그러나 불타는 사랑은 오래가지 못하고 어느새 증오와 권태의 그림자가 드리워진다. 육체의 욕망은 끝이 없어서 또 다른 이성을 향해 눈짓하기 바쁘다. 성적 쾌락은 싫증으로 막을 내린다. 첫눈에 반하더라도 불꽃 튀기는 연애가 한두 달 계속되면 원수끼리 만났다는 것을 깨닫게 된다. 첫눈에 반했던 인간과는 전혀 다른, 도저히 이해할 수 없는 사람과 어떻게 사랑에 빠진 것인지 알 수 없다. 키르케고르는 이성과의 사랑을 통해 쾌락을 추구하지만 결국 불안, 좌절, 절망에 빠지는 인간 존재를 미적 실존이라고 했다.

한편 키르케고르는 결혼하여 가정과 사회를 꾸며서 행복을 추구하는 인간 존재를 윤리적 실존이라고 부른다. 결혼하면 잠시는 행복하고, 아이를 낳고 화목한 가정을 만끽할 수 있다. 그러나 부부 사이의 불신과 증오, 가족 구성원들의 질병과 번뇌가 끊일 날이 없다. 홀로 지내거나 연애하거나 상관없이 불행한 것처럼, 결혼을 하든 안 하든 간에 불행할 수밖에 없고 삶은 언제나 불행과 좌절과 절망을 피할 수 없다.

쾌락을 추구하는 미적 실존으로서의 인간이나 가정의 화목과 안녕을 원하여 결혼생활에 전념하려는 윤리적 실존으로서의 인간이나 모두 절망에 빠지기는 마찬가지다. 그가 말하는 절망은 신에 대한 불신이다. 그러므로 절망은 바로 죽음에 이르는 병이다. 키르케고르가 말하는 죽음은 무의미하고 무가치한 삶 그 자체다.

그런데 우리는 '좌절하는 나의 삶'을 잠시라도 되돌아볼 여유도 없이 욕망의 기계가 되어 돈과 권력과 명예를 향해 무의식적으로 무한 질주한다. 누구나 돈보다는 건강이 중요하고, 건강보다 중요하고 근본적인 것은 사람 됨됨이라고 말한다. 그러나 정작 무의식적으로 습관의 노예가 되어 반성할 줄 모르고 욕망의 수레바퀴를 굴린다.

우리는 매 순간 '좌절하는 나의 삶'을 맛보면서 불안과 좌절과 절망 속에서 신음한다. 키르케고르는 제3의 실존, 곧 신에 대한 믿음이 확고해야 불안, 좌절, 절망을 극복할 수 있다고 주장한다. 종교적 실존은 비약, 즉 인간의 결단에 의해 가능하다. 물론 누구나 기독교 신앙으로 들어가기를 결단할 수는 없다. 대신에 매 순간 자신의 생각과 행동을 철두철미하게 반성하고 결단하는 훈련을 게을리 하지 않는다면 전혀 다른 삶을 살아갈 수 있을 것이다.

공동체 의식과 열린 대화, 타인에 대한 관용과 배려 및 이해의 태도를 갖춘다면, 나와 우리의 삶을 반성하고 결단할 수 있다면, '좌절하는 나의 삶'을 조금씩 극복할 수 있을 것이다. 그러나 아무것도 정리되지 않은 상황에서 무엇부터 시작해야 할까? 매일 반복되는 권태를 느끼며 영원히 불안, 좌절, 절망에서 벗어날 수 없단 말인가?

셋,

사람의 성격은 결코 변하지 않는가

사람들은 성격과 자아를 같다고 생각하는 경향이 있다. 그래서 특정한 성격을 언급하면서 오히려 자아를 설명하는 경우가 많다.

성격과 자아를 동일시하면서 성격을 구성하는 기본 바탕이 천성적이라고 주장하는 심리학자들도 있다. 한편 20세기 이후로 사회가 성격 형성에 지대한 영향을 미치게 되었다고 생각하는 심리학자들은 사회에서 학습된 소질이라고 본다. 그러나 개인의 특질이 아니라 인간의 공통적인 심리 과정과 행동을 연구하는 학자들은 성격을 심리학적 연구 대상에서 제외시킨다.

그러면 심리학에서 성격과 자아는 어떤 의미일까? 어떤 사람이 관찰자의 입장에서 자기 또는 타인의 심리적 내용을 살펴본다면 그가 관찰하는 개인의 심리적 내용은 성격이다. 그런가 하면 어떤 사람이 자기 자신에 대해 특정한 심리적 내용을 가진다면 그것은 자아(나)다. 개인의 행동이나 사고의 일관성 있는 특질은 성격으로서, 객관적이며 외적인 탐구 대상(심리적 내용)이 된다. 그러나 자기 반성의 대상(심리적 내용)은 자기일 수밖에 없다.

"나는 매우 꼼꼼하고 논리적인 성격이지만, 너는 상당히 감정적이며 관대한 성격의 소유자다." 이때 나 또는 너는 자아를 가리키고, 꼼꼼하다거나 관대하다는 것은 성격을 나타낸다. 일반적으로 인간이라면 누구나 특정한 자아와 성격을 지닌다고 생각한다. 물론 극단적인 사회학자 중에는 개성적인 자아나 성격을 인정하지 않고 인간 존재를 사회구조 형성에 필수적인 요소로만 여기는 사람들도 있다.

성격에 관한 심리학 이론으로는 유형론, 특질론, 프로이트의 성격론, 융의 성격론, 성격역동이론 등이 있는데, 이는 개인의 성격이 일관성이 있다는 입장과 일관성이 없다고 주장하는 입장으로 나뉜다. 사회 학습 이론가들은 개인의 성격이란 관찰자가 보기에 일관성 있는 것처럼 여겨질 뿐, 사회 상황에 대한 사고와 행동방식이므로 때와 장소에 따라 변할 수밖에 없다고 주장한다. 예컨대 비정상적인 성격 때문에 사회에 적응하기 어려운 개인이나 반사회적 범죄행위를 저지르는 개인을 이해하려는 심리학자는 성격의 일관성을 주장하며 문제를 해결하려 한다. 그러나 사회 학습 이론가들은 공통적인 행동과 심리 과정을 주요 연구 대상으로 삼기 때문에 개인의 성격에 관심을 기울이는 것은 이기주의를 만족시키는 데 지나지 않는다고 생각한다.

또한 미신이나 점술 또는 관상 등도 개인의 일관된 성격에 지대한 관심을 기울인다.

한 인간의 운명이 결정되었다는 것은 개인의 성격이 일관적이고 결정되어 있다는 의미다. '세 살 버릇 여든 간다'는 속담은 성격의 일관성을 주장하는 말이라고 할 수 있다. 대부분의 사람들은 성격에 일관성이 있다고 확신하고 있기 때문에 혈액형이나 체형, 생일에 따라 성격을 판단하기도 한다.

개인은 유전적 기질을 가지고 태어나서 어느 정도 정체성과 동질성이 있는 환경에서 성장하므로, 비교적 일관성 있는 성격을 소유한다. 그러나 복잡한 요소들(유전적 기질, 가족관계, 친척과 지인, 교육, 놀이, 경제 수준, 관심 영역, 종교와 예술, 매체와의 접촉, 사회적 관계 등등)이 서로 직간접적으로 상호작용하여 개인의 성격을 형성하기 때문에 자기 자신이 누구인지 잘 알 수가 없을 때가 있다.

성격을 유형별로 구분하는 것이 성격 유형론이다. 독일 의사 크레히머(Kretchmer)는 사람의 체격을 세장형(細長型), 비만형, 근육형으로 나누고, 마르고 큰 사람은 청결하고 꼬장꼬장하며 화를 잘 낸다, 살찐 사람은 호인이고 기분에 따라 행동한다, 근육형은 성실하며 매사에 노력한다고 주장했다.

　기원후 2세기 로마의 의사 갈렌(Galen)은 체액을 혈액, 점액, 흑담즙, 담즙으로 나누고 어떤 체액이 강하냐에 따라 성격이 결정된다고 보았다. 혈액이 강한 사람은 다혈질의 성격을 보인다. 점액질 성격은 행동이 느긋하다. 흑담즙 성격은 우울함에 자주 빠진다. 담즙의 성격은 행동이 잽싸며 쉽게 흥분한다. 그리스 의사 히포크라테스는 자연철학자인 엠페도클레스가 우주 만물의 근원 물질을 흙, 불, 물, 공기라고 한 것을 따라, 인간도 이 네 가지 요소로 구성되어 있으며 그 구성 비율에 따라 개인의 성격이 나타난다고 보았다.

　혈액형이나 체격에 따라 성격을 구분하는 것 역시 유형론이다. 혈액형에 따른 성격 구분은 일본이 한국을 식민지화하면서 민족을 분열시키기 위해 퍼뜨렸다는 설이 있다. 일본의 어느 학자는 통계를 작성하고 연구하면서 혈액형에 따른 성격에 일관성이 있다고 주장했다. 혈액형에 따라 성격이 다르다는 것은 타고난다는 의미이며, 일생 일관성을 지닌다는 말이다.

　사상의학을 믿는 사람은 사람의 체질을 태양(太陽), 태음(太陰), 소양(小陽), 소음(小陰) 네 가지로 구분하고 체질에 따라 성격이 다르다고 주장했다. 어떤 심리학자는 특질론을 제시한다. 예컨대 올포트(Golden Allport)와 같은 심리학자는 주특질, 중심 특질, 2차 특질의 세 가지 특질이 개인의 독특한 성격을 구성한다고 주장한다. 지식 지향적인 사람이 있을 수 있고, 권력 지향적인 사람이나 오로지 금전 지향적인 사람도 있다. 각각의 사고와 행동은 지향하는 대상과 직결된 주된 특질을 보여준다. 그런데 사람들은 감수성, 쾌활함, 도덕성, 사교성 등 중심 특질을 가지고 있고 어떤 특질을 더 가지고 있느냐에 따라 성격 차이가 드러난다. 특정한 상황이나 자극에 처할 경우 독특하게 사고하고 행동하는 것이 2차 특질이다.

프로이트와 융의 정신분석학적 성격 이론 역시 매우 흥미롭다. 프로이트는 원초아(原初我, id), 자아(ego), 초자아(初自我, superego)가 성격을 구성하는 요소라고 본다. 한 개인의 정신 과정 내지 영혼 과정(성격)은 보이지 않는 거대한 빙산의 몸체와 같고 (무의식), 바닷물 밖으로 드러나 있는 것이 자아라는 것이다. 그러므로 한 인간을 볼 때 인간 전체를 보지 못하고 일상적인 차원에서 일부분인 자아만 알 뿐이다. 특히, 성적인 부분이 큰 작용을 하여 성격을 형성한다. 물론 스스로도 성격 전체를 보지 못하고 단지 작은 부분만을 볼 수 있을 뿐이다.

그런데 재미있는 것은 어렸을 때의 행동과 사고가 성인의 성격을 결정한다는 프로이트의 생각이다. 더 상세히 말하자면 영아기와 유아기에 무의식적인 성충동이 어떻게 고착되느냐에 따라서 한 인간의 성격이 정해진다는 것이다. 한 살짜리 아기는 성충동이 온통 입에 집중되어 있으므로 이 시기를 구강기(口腔期)라 한다. 두 살짜리 아기의 성충동은 항문에 모여 있어서 이 시기는 항문기(肛門期)

다. 3~4세 아이의 성충동은 성기(性器)에 몰려 있고 이 시기는 성기기다. 5~6세 아이의 성충동은 잠재적이므로 이 시기를 잠복기라고 한다. 12세부터 청소년들은 사춘기를 거치면서 생식기(生殖器)에 접어든다.

구강기에는 성충동이 입에 모두 몰려 있으므로 아기는 입으로 빠는 행위에서 쾌감을 느낀다. 그래서 프로이트는 "아기 입의 전체 대상 세계는 엄마의 유방이다"라고 말한다. 구강기에 엄마의 따뜻한 젖을 충분히 먹고 자란 아기는 커서 구강 흡수 성격을 소유하게 된다. 즉, 주변 지식을 능동적으로 받아들이고 환경에 잘 적응하는 것이다. 그러나 젖을 제대로 먹지 못하고 학대받으며 자란 아기는 커서 구강 가학 성격이 되어 성격이 비뚤어지고 폭력적으로 된다는 것이 프로이트의 주장이다. 항문기의 두 살배기 아기가 배변(排便) 훈련을 제대로 받지 못하고 때와 장소를 가리지 않고 배변할 경우 이 아기는 커서 항문 파열 성격이 되어 아무것도 스스로 조절하지 못하고 자신의 것을 모두 남에게 주거나 버리는 헤픈 성격을 가지게 된다. 그와 반대로 심하게 배변 훈련을 받은 아기는 변(便)을 매우 귀한 것으로 여기고 귀중한 자신의 변을 아무 데나 버려서는 안 된다는 강박관념에 젖게 되어 매우 인색한 성격의 소유자가 된다.

잠복기의 소년과 소녀는 오이디푸스 콤플렉스와 엘렉트라 콤플렉스를 겪고 극복하는 과정을 거친다. 무의식적으로 소년은 남성인 아빠를 제거하고 여성인 엄마를 차지하려 하지만 자신의 힘이 아버지보다 약해서 아버지에게 억압당하지 않을까 불안감을 느끼는데, 이것이 오이디푸스 콤플렉스다. 소녀는 여성인 엄마를 제거하고 남성인 아빠를 차지하려 하지만 오히려 엄마에 의해 자기가 제거당하지 않을까 하는 불안감을 느끼는데, 이를 엘렉트라 콤플렉스라 한다. 대부분의 소년, 소녀는 오이디푸스 콤플렉스와 엘렉트라 콤플렉스를 극복하지만, 그렇지 못한 청소년들은 성인이 되어 노이로제(신경증) 증세를 보이는 성격의 소유자가 된다는 것이 프로이트의 입장이다.

스위스의 의사이자 분석심리학자인 융은 한때 프로이트의 이론을 지지했지만 나중에는 전혀 근거가 없다고 반박하고, 프로이트의 성충동 이론에 반대하며 독자적인 이론을 제기했다. 융은 개인의 성격을 '자기'라고 보고, 집단 무의식, 개인 무의식 그리고 자아에 의해 구성된다고 주장했다.

융이 말하는 자기는 개인의 성격에 해당한다. 집단 무의식은 태곳적부터 인간에게 있는 무의식인데, 예컨대 태양 숭배, 뱀에 대한 공포, 어둠에 대한 두려움 등 원시형(元始型) 또는 원형(原型)이다. 개인 무의식은 각 개인이 살아가면서 익힌 행동이나 기술로, 예컨대 택시기사는 특별한 의식 없이 거의 무의식적으로 택시를 운전한다. 요리의 달인이나 타이어를 다루는 달인을 보면 그들의 행동과 기술은 몸에 밴 것이어서 특별한 자의식 없이 음식이나 타이어를 다룬다. 자기의 마지막 구성 요소인 자아는 흔히 우리들이 '나' 라고 부르는 것이다. 자아는 지금, 이곳의 지각, 기억, 사고, 판단, 감 정 등을 포함한다. 이렇게 보면 융이 말하는 자기는 큰 '나'이고, 자 아는 집단 무의식 및 개인 무의식과 함께 자기(큰 나)를 형성하는 작은 나에 해당한다. 우리들이 일상생활에서 아옹다옹하면서 성 공과 출세를 위하여 내세우는 것은 바로 작은 '나'인 자아다.

평범한 사람들은 이런 이론을 바탕으로 자신의 성격에 집착하 여 아등바등한다. 웬만큼 삶의 느림과 여유를 맛보지 않고서는 '의 식되는 작은 나'를 떠나 초자아와 원초아 또는 집단 무의식과 개인 무의식을 통찰하는 것이 불가능하다.

프로이트와 융의 성격 이론 역시 개인의 성격을 변하지 않는 것 으로 본다. 아들러(Alfred Adler), 프롬(Erich Fromm), 호니(Karen Horney), 설리번(H. S. Sullivan) 등도 성격을 불변하는 개인의 행 동과 사고방식으로 본다. 아들러는 인간이 열등감을 가지고 있는 데, 이것이 개인의 성격을 형성하고 발전시키는 원동력이라고 보았 다. 호니는 인간의 기본 욕구를 불안이라고 보고 불안이 전개되는 과정에서 성격이 형성된다고 했다. 설리반은 성격을 개인의 내적 특성으로 보지 않고, 대인관계에서 형성되고 표현되는 특성이라고 주장했다.

지금 지구상의 인구가 60억이 넘는데 그 많은 인간의 성격이 단 순히 몇 가지로 구분되거나 단순한 요소에 의해 결정된다면 사회는 이렇게 복잡하지 않을 것이다. 그러면 현실적인 문제도 쉽사리 해결할 수 있다. 그러나 각 개인의 성격은 저마다 다르고, 때와 장소에 따라 다르게 나타나며, 특정한 시간이나 장소에서도 다양하게 표현된다.

제행무상(諸行無常), 제법무아(諸法無我)는 불교에서 널리 쓰이는 말로, 모든 행동은 한결같지 않고 모든 사물에는 자아(나)가 없다는 뜻이다. 동서양을 막론하고 고대의 현인들은 만물이 흐르고 변하며 생성되고 소멸된다고 했다. 나(자아)란 시간의 흐름과 함께 형성된 생각의 산물이고, 성격 역시 환경 및 대인관계에서 이름 붙여진 개인의 특성이다. 조금만 느리게, 여유를 가지고 자아와 성격을 통찰한다면, 이것들은 언제나 먼지처럼 흩어질 수도 있고 강하게 재구성될 수도 있다는 사실을 깨닫게 될 것이다.

넷,

자아는 영원불변하는
개체인가

사람들은 영원히 불변하는 보편적 원리가 있다면 결코 거짓이나 오류에 빠지지 않으리라고 믿는다.

"나는 생각한다. 그러므로 나는 존재한다"는 400년 이상 진리로 여겨졌다. 한편, 영국의 에이어(A. J. Ayer)라는 철학자는 데카르트의 주장이 잘못된 추론이므로 철학적 가치가 없다고 반박한다. "나는 생각한다"로부터 "그러므로 나는 존재한다"는 논리적으로 추론될 수 없다는 것이다. 사실 "나는 생각한다. 그러므로 나는 존재한다"라는 문장에서 나, 생각, 존재 등의 개념이 어떤 의미를 가지며 어떻게 사용될 수 있는지 우선 밝혀져야 정당한 추론인지 알 수 있다.

한마디로 인간의 역사는 자아의 역사다. 역사는 완전하고 절대적인 자아를 형성하려는 인류의 문화 과정이다. 그런데 나란 도대체 무엇인가? 나는 물론 개체다. 인간이라는 개체는 생각하고 가치 있게 행동하며 믿음을 가진 인격적 주체다. 풀이나 꽃 또는 개나 소는 주체가 될 수 없다. 생각하고 결단하는 주체적 존재가 아니기 때문이다. 그러면 자아는 영원불변하는 개체인가?

데카르트는 방법론적 회의에 의해 자아가 명백한 관념임을 밝힌다. 자아가 불변하는 보편적 관념임을 밝히기 위해 의심하는 방법을 사용한 것이다. 그는 가장 의심스럽고 불확실한 것을 꿈이라고 보았다. 제아무리 위대한 진리, 엄청난 권력이나 대단한 아름다움도 한낱 꿈속의 대상이었다면 무의미하다. 꿈이 첫 번째 의심의 대상이었다면, 두 번째 대상은 감각이다. 눈으로 보고, 귀로 듣고, 냄새 맡고, 만지며, 맛을 본다. 그러나 감각적 지식은 수시로 변하므로 확실치 않다. 그렇다면 어떤 것이 확실하며 불변하는 진리일까? 수학적 지식은 확실하다. 고금동서를 막론하고 2+3=5임을 의심할 사람은 없다. 그러나 인간을 속이기를 좋아하는 신이 있어서 이것이 사실이 아닌데도 사실인 것처럼 믿게 하는 것은 아닌지 의심해 볼 수 있다. 그렇다면 나는 모든 것을 의심한다. 그런데 의심하기 위해서는 의심하는 주체(주인)가 있어야 한다. 그래서 "나는 생각한다. 그러므로 나는 존재한다"는 주장이 성립한다.

산술과 기하의 관념(수학적 관념)도 자아와 마찬가지로 명백한 관념으로서 철학의 기초를 형성한다. 고대 그리스의 플라톤, 독일 계몽철학의 칸트, 칸트 이전의 라이프니츠나 현대의 현상학자 후설은 수학적 관념이 명백한 것이라고 믿었다. 그런데 조금만 달리 생각하면 자아나 수학적 지식에 관한 견해가 전혀 달라질 수 있다.

자아와 수학에 관한 지식은 사회적 권력에 의해 좌우될 수 있다. 예를 들어 갈릴레이의 지동설은 가톨릭이라는 사회적 권력에 의해 참다운 지식이 될 수 없었다. 그렇다면 자아나 수학에 관한 지식은 실용적인 습관의 힘(권력)에 의해 불변하는 보편 지식으로 받아들여진 것은 아닐까? 관념 자체가 문화의 산물이고 문화를 인간이 창조했다는 사실로 미루어 본다면 말이다.

푸코는 사회 권력과 성이라는 관념을 고찰했다. 13세기 토마스 아퀴나스는 남녀의 성관계는 오직 출산을 목적으로 행해져야 하며, 쾌락만을 위해 남녀가 성관계를 한다면 죄악이라고 믿었다. 그러나 르네상스 시대에는 성은 쾌락과 동일시되었다. 그런데 푸코에 따르면 자본주의 시대에 접어들면서부터 성은 억압당하고 인간의 노력과 관심은 오직 상품 생산에 집중되었다. 요컨대 성에 관한 인간의 지식이란 역사적 시대, 인간의 환경, 사회 조건 및 정치권력과 밀접한 관계를 맺고 있기 때문에 다원적인 의미를 가질 수밖에 없다는 것이다.

성만 그런 것이 아니고 사랑이나 결혼과 같이 우리들에게 매우 친숙한 개념들도 오늘날에는 다원적인 의미를 가지고 있다. 보통 우리들은 사랑이라고 하면 성인 남녀의 성적 사랑을 생각한다. 그러나 일에 대한 사랑, 자연 사랑, 자기애, 인류애, 자식 사랑, 부모 사랑 등도 있다. 게다가 남녀 간의 사랑을 자세히 들여다보면 사랑이 매우 복잡한 관계 개념임을 즉시 알 수 있다. 성인 남녀의 사랑에는 시간적, 공간적인 남녀의 만남이 있고 남녀의 공감과 체험이 있다. 두 사람의 체험 속에는 두 사람의 독특한 삶의 발자취가 스며들어 있기도 하다. 우리들이 일생 동안 그토록 강하게 주장하는 나, 곧 자아도 조금만 분석하면 다원적인 의미를 가지고 있음을 잘 알 수 있다.

따라서 "나는 생각한다. 그러므로 나는 존재한다"라는 말에서 '나'는 확고부동하고 보편 필연적인 개념이 아니라 다원적 의미를 가지고 수시로 변하는 개념이다. 이 명제는 데카르트에게는 제1원리였다. 세계의 사물이 존재하는 가장 기본적인 근거로 밝혀진 '자아'가 존재론(형이상학), 윤리학, 인식론 등의 기초를 확고하게 해주기 때문이다.

동서고금을 막론하고 문화사의 목표는 전인(全人)이며 인류의 행복이었다. 그런데 인간의 삶은 어떠한가? 나는 누구이고 무엇인가? 인간은 누구이고 무엇인가? 지금 우리가 내린 가치평가는 바람직하고 절대적인 것인가?

예를 들어보자. 사람들은 무엇을 아름답다고 하는가? 우선 쾌감을 주는 대상이나 상태를 아름답다고 한다. 조화, 균형, 안정감, 적당한 감각 자극 등은 본능적이거나 실용적인 쾌감이라기보다는 좀 더 순수한 쾌감을 준다. 그렇다고 해도 순수한 쾌감이 본능적이거나 실용적인 쾌감과 전혀 상관없을 수는 없다. 사람들은 완전하고 절대적인 쾌감을 선사해 주는 완전하고 절대적인 아름다움이 존재한다고 확신하며, 자연이 완전하고 절대적인 아름다움에 가깝다고 믿는다. 그러나 인간의 지성과 의지와 정서 또는 인간의 행동이 구성한 개념 또는 상태 역시 아름답다. 인간은 아름다움을 창조하는 동시에 아름다움에 의해서 재창조된다.

지성의 발달과 문화의 형성과 함께 인간은 완전하고 절대적인 존재자 혹은 상태가 실재한다고 확신하고, 종교적 신앙에 몰입하게 되었다. 어떤 면에서는 인류 역사와 문화의 가장 특징적인 측면이 종교일 것이다. 문화의 가장 중요한 요소인 도덕, 철학, 예술, 종교 등도 모두 종교로 수렴된다. 그렇다면 인간은 종교적 신앙의 굴레에서 벗어날 수 없을까?

인류 문화와 역사는 완전하고 절대적인 나를 만들고 찾으며 그런 자아가 구성하는 사회를 만들고 싶어 한다. 그런가 하면 소수의 사람은 '자아'와 그 근거인 욕망을 무화시킴으로써 호수와도 같이 잔잔한 깨달음의 경지에 도달하려 한다. 더 나아가 어떤 사람들은 "내가 있다거나 없다는 주장도 버리고 그 중간의 입장도 버려야 한다. 깨달으려 할수록 깨달음에 집착해서 깨달을 수 없으니 깨달음

자체를 버리자. 본래 깨달음이란 헛된 것이다"라고 주장한다.

그러므로 완전하고 절대적인 자아는 느림과 여유 있는 삶과는 너무나도 먼, 욕망에 가득 찬 헛된 자아인지도 모른다.

다섯,

현실은 불변하고 확고한 자아의 세계인가

불교에서는 오온(五蘊)에 의해 사물이 생긴다고 한다. 오온은 세계를 구성하는 다섯 가지 기본 요소로, 색(色), 수(受), 상(想), 행(行), 식(識)이다. 물리학적으로 말하자면 세계의 모든 사물은 기본 원소의 집합이므로, 딱히 나(자아)를 고집할 필요가 없다. 완전하고 절대적인 나에 집착할수록 나를 '너'로부터 분리시키고 나를 위해 '너'를 이용하고 희생시키려 한다.

사성제(四聖諦)는 불교에서 말하는 네 가지 진리로 고(苦), 집(集), 멸(滅), 도(道)를 가리킨다. 미혹(迷惑)의 원인과 결과는 고(苦)와 집(集)이고, 깨달음의 원인과 결과는 멸(滅)과 도(道)다. 즉,

모든 마음의 움직임이 한결같지 않고(제행무상) 모든 사물에 '나'가 없기 때문에(제법무아) 모든 것은 고통스럽고(일체개고, 一切皆苦), 그래서 고와 집이 따른다. 따라서 열반하여(멸, 滅) 적정(寂靜)의 상태에 들어가야 한다.

제행무상, 제법무아, 일체개고를 잘 설명해 주는 것이 12인연(十二因緣)인데, 무명(無明), 행(行), 식(識), 명색(名色), 육입(六入), 촉(觸), 수(受), 애(愛), 취(取), 유(有), 생(生), 노사(老死)가 그것이다. 무명(無明) 때문에 여러 인연을 거쳐서 노사(老死)에 이른다고 보는 것을 순관(巡觀)이라고 하고, 노사(老死)는 이전의 인연 때문에 생기고 처음의 인연은 무명(無明)이라고 하는 것이 역관(逆觀)이다. 무명은 바로 욕망이다. 그렇다면 인간의 생각, 감정, 의지, 판단 등 모든 행동의 뿌리가 욕망인 셈이다. 욕망이 결국 인간 행동의 뿌리이니 환작(幻作), 즉 환상이나 환각에 의해 인간은 판단하고 주장한다.

인간의 마음과 행동을 여러 가지 각도에서 분석하는 이유는 느림과 여유의 삶을 찾기 위해서는 이미 가지고 있는 중요한 고정관념, 예컨대 인간, 자아, 진리, 아름다움, 선 등을 다양한 관점에서 살펴보아야 하기 때문이다. 이러한 방법은 원근법적, 계보학적 또는 고고학적 방법이라고 해도 좋을 것이다. 자아를 가까이에서, 또 멀리서 바라보면 어떤 모습으로 나타나는가? 종교, 도덕, 학문 등과 연관해서 자아는 어떤 다양한 형태로 드러나는가?

사실 우리는 일상적 의미의 자아를 굳게 주장한다. 우리들이 잘 알고 있는 인류의 문화사 역시 불변하는 자아를 근거로 삼아 진행돼 왔으며, 앞으로도 그러한 경향은 변함이 없을 것이다. 영원하다고 믿는 진(眞), 선(善), 미(美) 또한 불변하는 자아(또는 영혼)를 기초로 삼는다. 칼 포퍼의 생각을 빌리자면, 영원불변하는 자아는 물론이고 진선미 역시 가설에 지나지 않는다. 천문학이나 고고학의 관점에서 시간과 공간을 극대화할 경우, 태양계가 탄생하기 이전으로 돌아가면 인간의 자아, 행복, 진선미 등이 무슨 의미가 있을까? 지구가 다시 빙하기에 접어들고 추위를 견딜 만한 하등식물이나 동물만 생존할 수 있을 때 인간의 자아나 깨달음이 무슨 의미가 있을까?

현대로 접어들며 인간은 개인 내지 개체가 되었다. 생존을 위한 무한 경쟁은 인간인 개인들이 마주하는 절박한 삶의 단면이다. 후기 자본주의 산업사회에서 필수적으로 갖추어야 할 전문 분야의 지식은 물론이거니와 외모와 학연, 지연, 인맥 등을 두루 갖춘 개인은 우월한 자아의 소유자로 인정받는다. 가진 자와 못 가진 자의 차이는 자아에도 영향을 미친다. 사회적인 관습, 곧 사회적 편견의 노예가 되어 굳어버린 자아를 세습하면서, 왜 살아가는지도 모른 채 일상의 쳇바퀴를 굴리게 된다. "산다는 게 별거야? 혼자 중뿔나게 잘난 척해 봐야 알아주는 사람 아무도 없어! 좋은 게 좋은 거 아니야? 남들도 바보라서 그렇게 사는 줄 알아?" 결혼하고, 집

사고, 자동차 사고, 자식 낳고, 연금 붓고, 퇴직해도 안정되게 살 수 있는 자아를 키우고 소유하는 것이 일상적 개인의 견고한 자아가 지닌 생각의 전부일까?

카프카는 "시인은 벌레만도 못한 존재다. 시인은 사회에 아무런 쓸모도 없는 존재다"라고 말했다. 그는 자신이 시인이라고 확신했고, 그러므로 사회에서 쓸모 있는 일은 전혀 할 수 없다고 생각했다. 그래서 낮에는 법원 서기로 일했고, 밤에는 사회와 격리되어 홀로 시작(詩作)에 몰두했다. 과연 카프카의 자아는 어떤 것이었을까?

가톨릭 신자들은 교회에서 미사를 드릴 때 "내 탓이로소이다"라고 말하며 가슴을 두드린다. 이 말 역시 자아 중심적이다. 사회의 온갖 부정적인 측면이 모두 나 때문일 리가 없다. 그렇지만 가톨릭 신자들은 각 개인으로서의 자아가 모두 공정하게 생각하고 처신한다면 사기, 횡령, 강도, 폭력, 살인 등 숱하게 많은 불의가 줄어들 테니 모든 부정부패의 원인이 나라고 하는 것이다. 절대 신을 믿는 인간 자아는 절대자의 모습을 닮은 개체이므로 창조자의 뜻을 따르면서 완전성과 절대성을 실현시키려고 발버둥치지 않을 수 없다.

전인교육, 적자생존, 약육강식 등은 어떻게 보면 똑같은 목표를 가지고 있다. 인간 교육의 목적은 전인(全人)이다. 전인이란 사회의 모범이 되고 역사를 이끌어가고 국가를 공정하게 관리할 능력을 가진 인물을 가리킨다. 그런데 전인교육의 또 다른 측면은 적자생존, 약육강식이다. 우리 사회는 일류 대학에서 많이 배우면 공정하고 선한 지도자가 될 수 있다고 생각한다. 그러나 현실은 어떤가? 총리나 장관을 임명하기 전의 청문회 과정을 떠올리기만 해도, 일류 대학에서 배웠다는 사람들이 위장전입, 땅 투기, 논문 표절을 밥 먹듯이 하게 된 것이 알차게 많이 배워서는 아닐까 싶을 정도다. 오히려 그렇지 않은 사람들이 일상생활에서 지식이나 도덕 또는 종교를 통해 흔들리지 않는 '자아'를 만드는 데 열중하는 듯하다.

제법무아가 일리 있는 말인지는 몰라도, 상식에 따라 사는 것이 정도(正道)이며 흔들리지 않는 자아를 형성하기 위해 매진해야 한다고 생각한다. "마음이 가난한 자는 복이 있나니"라는 『성경』 구절이 있다. 천국이 바로 가난한 자의 것이기 때문이라고 말이다. 마음이 가난하면 자아가 없을 것 같지만 마음이 가난한 자아는 견고하고 강하다.

그런데 현실적으로는 기독교나 불교나 유교 모두 샤머니즘의 알맹이를 가지며, 신앙인도 종교에 상관없이 이기적 이익을 추구한다. 러셀은 2차 방정식에 관한 수학자들의 생각이 서로 다른 것은 수학에 관한 수학자들의 믿음이 다르기 때문이라고 했다. 중동 국가를 보면 같은 이슬람 신자라도 다른 종파끼리 테러와 전쟁을 끊임없이 자행한다. 이스라엘과 중동 국가들은 유대교와 이슬람교를 내걸고 장기간 전쟁 상태에서 벗어날 줄 모른다. 이렇듯 믿음의 밑바닥에는 욕망 내지 충동이 자리 잡고 있으며, 적자생존과 약육강식을 지향하는 충동은 문화의 탈을 쓰고 합리적 대결이나 적법한 전쟁이라는 식의 핑계를 만들어내기에 여념이 없다. 매년 11월 수능시험 때만 되면 사찰이나 교회 앞에 수능백일기도라는 플래카드가 펄럭이는 것 역시 종교의 바탕은 믿음이고 이 믿음의 원천은 충동 내지 욕망이라는 것을 말해 주는 것이 아닐까?

종교에 관해 생각해 본 사람이라면 기독교 신앙의 본질은 기도에 있다는 것을 잘 안다. 기도란 불완전하고 유한한 인간이 완전하고 절대적인 하나님 앞에 고백하고 한발 다가가는 자기반성, 자기 구성 및 자기 성찰의 행위일 것이다. 그러나 대학 입시를 앞둔 자식을 둔 부모들은 자식이 수능에서 좋은 성적을 거두기를 매일같이 온갖 정성을 다해 빈다. 이런 행위는 기독교 신앙의 본질과는 거리가 멀다. 이런 부모의 자아는 부모보다 더 완전하고 절대적인 자식의 견고한 자아를 소망하는 것이다. 내 자식이 좋은 성적을 거두기를 바란다는 말은 암암리에 남의 자식들은 내 자식보다 낮은 점수를 받기를 바라는 것이나 다름없다.

예전에는 절에 가서 백일기도를 하거나 사찰에 있는 돌탑에 돌을 올려놓거나 부처님의 몸을 만지면 아들을 낳는다는 속설이 있었다. 미혹에 빠진 중생이 중생심불심(衆生心佛心)의 깨달음을 얻는 데 불교의 본질이 있을 텐데, 대부분의 불자들은 수능 점수, 아들 출산, 결혼, 취직 등만 기원한다. 기독교든 불교든 모두 완전하고 절대적인 나와 자식의 자아를 소망한다. 그 소망의 밑바탕에는 자아가 불변하고 견고할 수 있다는 믿음이 있고, 그 믿음에는 자아를 굳게 만들고 싶다는 욕망이나 충동이 깔려 있다.

삶의 원천은 맹목적인 의지이므로 제아무리 합리적으로 삶을 이끌어가려 해도 삶은 혼돈일 수밖에 없고, 우리의 삶은 고뇌와 번민의 소용돌이에서 헤어날 수 없다고 쇼펜하우어는 말한다. 그에 대한 해결책은 맹목적 의지를 부정하고 열반의 경지에 들어가는 것이다. 쇼펜하우어는 왜 삶 또는 자아의 원천인 맹목적 의지를 부정해야 한다고 주장했을까? 맹목적 의지는 혼돈을 초래하고 혼돈은 삶의 온갖 고통을 만들어내기 때문에 고통으로부터 벗어나기 위해서는 이를 부정해야 한다는 것이다.

니체는 쇼펜하우어를 비판하면서 삶의 원천인 힘에의 의지는 창조적이라고 주장한다. 그리고 힘에의 의지에 의해 문화(도덕, 예술, 종교, 철학)의 새로운 긍정적 가치를 창조해야 한다고 부르짖는다. 또한 합리주의가 삶의 피상적인 껍질만 만들어왔고 전혀 생명력 없는 형식적 퇴폐주의를 가져왔다며 격렬하게 비판한다. 퇴폐주의의 원조는 소크라테스와 플라톤이다. 이러한 니체의 지적은 옳은 측면이 있다. 소크라테스와 플라톤은 진리를 보편타당하며 필연적이고 영원불변하는 관념(이데아)이라고 여겼으므로, 그들이 생각하는 자아 역시 불변하는 이데아로서의 자아를 근거로 삼는다. 그러나 니체가 보기에 불변하는 자아나 진리 그리고 선이나 아름다움은 허구적인 가상에 불과하고 퇴폐주의의 산물에 지나지 않는다. 영원한 이데아란 허구이므로, 허구를 전도시키고 새로운 가치의 개념을 창조하고자 한다.

스피노자는 정서의 근원을 찾아 들어가면 제일 먼저 욕망(cupiditas)과 만나고 더 깊은 곳에는 충동(appetitus)이 있으며, 가장 깊은 곳에 웅크리고 있는 성향 내지 노력(conatus)과 마주치게 된다고 말한다. 프로이트에 의하면 인간의 정신 과정은 자아와 초자아 그리고 원초아로 구성되는데, 원초아는 충동적인 힘이고 이로부터 합리적인 자아와 비합리적인 초자아가 나중에 서서히 형성된다.

프로이트가 꿈을 해석하는 이유는 이성적 꿈은 조작된 것이지만 원래 꿈의 내용이나 재료는 기존의 꿈과는 전혀 다른 것으로 드러나기 때문이다. 자아 역시 꿈처럼 여러 가지 합리적인 껍질을 덮어쓰고 있다. 그래서 "사람은 술을 먹어봐야 해! 술 먹으면 본심을 이야기한다니까!", "연애할 때는 상대를 제대로 알 수 없어. 일단 결혼하고 나면 상대방이 어떤 인간인지 확실히 드러날 거야!"라고들 한다. 인간의 자아란 여러 가지 요소들이 복합되어 이루어진 개념으로, 인간의 지능은 매우 길고 복잡한 역사를 통해 일상적인 자아 개념을 확고하게 간직한다. 신생아들을 보면 지각과 성격을 발달시켜서 환경에 적응하려 노력한다는 것을 알 수 있다. 소리 내어 울고 웃으면서 지각, 사유 및 언어의 순환 고리를 삶의 수단으로 택하는 아기들의 행동을 보면 놀라지 않을 수 없다. 이렇듯 인간의 삶에는 본능과 문화가 교묘히 결합되어 장구한 시간에 걸쳐서 자아를 확고하게 만들어왔다.

스피노자와 프로이트의 입장은 불교에서 삶(또는 12인연)의 처음 뿌리를 무명이라고 한 것과 유사하다. 무명은 바로 욕망이기 때문이다. 나가르주나와 같은 인물이 욕망을 공(空)이나 허(虛)라고 한 것은 욕망이 모든 판단 작용의 근원이 되고 판단은 인위적이고 무의미하기 때문이 아닐까? 제행무상이요, 제법무아이므로 세상이 수시로 변하기 때문에 공이며 허라고 하는지도 모른다.

나(자아)란 불변하고 견고하게 존재하는 것이라고 말하자마자 자신의 껍질을 벗어버리고 어디론가 도망가기 때문에 확고부동하게 존재한다고 단언하기 힘들다. 그러나 우리는 이 개념을 움켜잡고 나를 보존하고 키우기 위해 모든 힘을 쏟아 붓는다. 도대체 현실이란 무엇인가? 현실은 불변하고 확고한 나(자아)의 세계인가, 아니면 환작에 지나지 않는가? 장자가 나비 꿈을 꾼 것일까, 아니면 나비가 장자의 꿈을 꾼 것일까?

인간의 문화 역사는 자아의 문화 역사이지만, 역사의 흐름 속에는 자아에 전혀 집착하지 않고 초연히 삶을 살다 간 사람도 있다. 그들은 소외된 자, 이방인일 것이다.

여섯,

역사는 발전하는가

인간은 문화의 창조자이자 창조물, 즉 문화적 존재다. 이 말은 인간이 사회적이며 역사적인 존재임을 뜻한다. 개인의 삶의 역사가 의미를 가지기 위해서는 공동체의 역사가 전제되지 않으면 안 된다. 일반적으로 역사는 불완전성에서 완전성으로, 상대성에서 절대성으로 발전한다고 확신한다. 그렇기 때문에 개인이나 국가는 발전에 대한 희망을 가지고 삶의 수레바퀴를 굴려가는 것이다.

일상적 차원의 인간과 사회를 지배하고 있는 역사관은 발전사관이다. 모든 개인과 국가는 발전사관을 의심하지 않고, 완전하고 절대적인 개인의 육성과 국가의 발달을 가장 이상적인 삶의 목표로 삼는다.

"나도 역사는 발전한다고 믿어. 우리나라만 해도, 1960~1970년 대에는 북한보다 못살았고 많은 사람들이 헐벗고 굶주렸대. 하지만 이후 대통령이 경제에 초점을 맞추면서 경제 발전이 눈부시게 이루어졌다는 거야. 일 때문에 가끔 중국에 가는데, 중국의 발전은 정말 놀라워. 1980년대 말만 해도, 베이징은 위생 시설이며 도시 환경이 정말 낙후되어 있었어. 호텔 욕조에 물을 틀어놓으면 흙탕물이어서 도저히 목욕할 수 없을 정도였어. 베이징 변두리에서 화장실 가는 것은 끔찍한 일이었지. 그런데 아시안 게임을 치른 후부터 중국의 발달은 일취월장이야. 상하이 난징루를 걸으면 국제적인 도심을 걷고 있다고 생각될 정도라니까. 고속도로와 고속철도가 그 넓은 대륙 곳곳에 퍼져 있어서 교통도 눈부시게 발달했어."

"세계사 역시 거대한 발걸음을 내디디면서 발전하는 것이 확실해. 도덕, 예술, 학문(철학), 종교 등을 비롯해서 과학, 정치, 교육 등 인류 문화의 여러 요소들은 서로 영향을 주고받으면서 완전하고 절대적인 상태를 향해 점차로 발전한다고 할 수 있어."

"나도 발전사관이 일리가 있다고 믿어. 플라톤의 이상 국가나 아우구스티누스의 신국(神國)은 모두 발전사관을 전제로 삼고 있지. 지혜, 용기, 절제를 대변하는 왕, 무사, 생산자가 조화롭고 종합적인 정의를 실현하는 국가가 이상 국가야. 그런가 하면 예루살렘국과 바빌론국의 투쟁 과정에서 결국 지상국(바빌론국)을 정복하고 승리하는 것이 아우구스티누스가 말하는 신국(예루살렘국)이거든. 플라톤, 아우구스티누스를 비롯해서 도덕, 종교, 철학, 예술에서 내세우는 역사관은 대개 발전사관이야. 삶의 역사가 발전한다는 생각은 본능적인 삶의 욕구에 지성 작용이 더해진 결과일지도 몰라. 그렇지만 발전사관은 문제가 많다고 생각해. 오히려 인류 역사는 번성하다가 몰락하고 다시 새롭게 번창하는 경향이 있으니, 순환 사관이 역사 해석에 가장 적절한 견해일 것 같아."

"나는 생각이 달라. 인류 문화의 시간적 흐름과 그 발자취가 역사라고 한다면 몰락사관을 주장하고 싶어. 독일 사상가 슈펭글러의 『서양의 몰락』은 매우 흥미로운 책인데, 슈펭글러는 결코 서양이 역사의 중심이 될 수 없다면서, 오히려 독자성을 지닌 이집트, 바빌로니아, 인도, 중국, 고대 그리스, 로마, 아라비아, 멕시코를 비롯한 그외의 문화권에 주목했지. 이들 문화권은 문화가 발전하고 개화하며 몰락한 유형과 시기가 서로 비슷해.

고대 그리스와 로마 문화는 처음에는 내면적 창조성을 가지고 번성했지만, 점차 외면적이고 기술적인 문명에 치우치면서 몰락하고 말았어. 슈펭글러는 19세기에 서양 문화가 몰락기에 접어들었고, 세계대전 이후 서양의 몰락이 시작되었다고 보았어. 개인도 기술 문명과 돈맛을 알기 시작하면 주체성을 상실하고 인간적으로 몰락의 길을 걷는 것 같아.

그렇게 보면 인간의 동물적 충동과 본능보다는 오히려 지성이 인류 역사의 몰락을 재촉하는 가장 큰 원인인 것 같아. 학문과 종교와 예술을 찬양하면서 진선미를 부르짖지만 수시로 무자비한 전쟁을 일으키기 일쑤야. 제2차 세계대전에서 희생된 인명만 해도 4,500만 명이 넘는다고 하잖아. 지금도 선진국들은 세계 평화를 이야기하면서 뒤로는 온갖 살상 무기를 수출하고 있어.

무엇보다도 인류는 지성 때문에 자연이 허락한 것보다 훨씬 짧게 생존할지도 몰라. 에너지와 자원 고갈, 생태계 변화와 오염, 식량난과 전쟁 등이 끊이지 않으니, 문명에 의한 자연 파괴는 인류의 생존을 단축시킬 것이 뻔해. 나는 염세주의자야. 인간은 자기 꾀에 빠져서 자신의 삶을 몰락시키는 존재라고.”

“나는 전혀 다른 역사관을 지지해. 생명의 원천을 충동이라고 하는 프로이트와 삶의 의지를 맹목적 의지로 규정하는 쇼펜하우어의 입장에 동의하거든. 지성의 뿌리도 결국에는 맹목적 의지, 곧 충동이나 욕망일 거야. 사람들은 ‘인간은 이성적 동물’이라고 인간을 정의하면서 가장 인간적인 행동은 합리적인 행위라고들 주장해.

이성적 존재란 수학-논리적으로 생각하고 결단하는 존재를 말하지. 겉으로 보면 대부분의 인간은 수학-논리적인 생각으로 판단하고 행동하는 것 같아. 그러나 연애를 하거나 무엇을 선택할 때 결코 이성적으로 판단하지 않고 충동적으로 행동하곤 하지. 역사란 인류 문화의 흐름이고, 이러한 흐름은 일정한 방향을 향해 발전하는 것도 아니고, 그렇다고 흥했다가 망하는 과정을 반복하는 순환 과정도 아니고, 또 몰락의 길을 걷는 과정도 아니야. 역사의 원천은 바로 쇼펜하우어가 말한 것처럼 혼돈이야.

내가 보기에 발전사관, 순환사관, 몰락사관 모두 지나친 편견 같아. 완전하고 절대적인 신을 믿는 사람은 당연히 발전사관을 주장할 거야. 순환사관은 인류의 역사에서 긍정적인 측면을 인정하지. 몰락사관은 염세주의자들의 견해야. 혼돈사관의 성격은 어떻게 보면 몰락사관에 가까워서 윤리적으로 염세주의의 경향을 강하게 띠고 있어. 역사의 몰락이나 혼돈은 삶의 무의미, 무가치, 고통을 초래하기 때문에 몰락이나 혼돈에서 벗어날 방법을 찾을 수밖에 없어.

그렇기 때문에 나는 몰락사관을 주장하는 사람은 염세주의자이고 혼돈사관을 주장하는 사람은 염세주의적 낙천주의자라고 말하고 싶어. 슈펭글러는 서양의 몰락이 불가피하다고 했어. 그런데 쇼펜하우어는 맹목적 의지를 부정하고 열반에 들면 혼돈에서 벗어나 깨달음의 길로 들어설 수 있다고 주장했어."

"역사관에 대해 별로 할 말은 없지만, 역사관이란 인간이 만들어낸 가설이잖아. 개인 혹은 단체가 각자의 입장과 상황에 따라 만들어낸 거야. 물론 황당한 공상의 산물만은 아니고 주관적인 근거는 있어. 그러나 태양계의 탄생이나 앞으로 다가올 빙하기를 생각하면 역사관이 무슨 의미가 있겠어? 모든 개념이 욕망의 산물이라면 개념은 어떤 의미와 가치가 있겠어? 욕망을 버린다면 어떨까?

욕망을 버린다면 사관을 논의하는 것이 무의미해.

인간의 사유나 정서 또는 의지의 원천은 욕망 내지 충동인데, 이는 수시로 변해. 이것이 지성으로 변할 경우 무수한 관념을 만들어 내고, 관념이 습관화되어 역사와 문화를 형성하면 인간은 관념의 노예가 되어 진선미를 완전하고 절대적인 것으로 전제하게 된다고 생각해. 따라서 욕망이나 환상이 만물의 관념을 만들기 때문에 환작만물(幻作萬物)이라고 할 수 있어.

환작만물이니 일체개고이고, 욕망의 촛불을 끄면 사물의 원인은 물론이고 결과 역시 공(空)이요 허(虛)겠지. 그러나 공과 허 역시 자유로운 경지를 표현하기 위한 하나의 방편에 지나지 않아."

내 스승은 느림과 여유의 삶을 맛보는 순간 모든 것이 덧없음을 느끼게 된다며 "하루하루는 책장 넘어가듯 지나간다네"라고 말했다.

영롱한 세월의 무수한 작고 큰 빗방울이 삶을 적시고, 삶은 다채로운 색깔을 뿜으면서 어디론가 바쁘게 굴러간다. 느림과 여유의 삶에 다가가면 마음의 상태는 어떤 모습을 지닐까? 산과 하나가 되고, 바다와 하나가 되는가? 지구상의 수많은 사람들과 공감할 수 있을까? 마음이 가난한 것은 무엇을 의미할까? 마음의 뿌리인 욕망을 비우는 것인가? 천국이란 적정의 상태, 곧 공과 허의 상태인가? 공이나 허 역시 욕망에 물든 마음이 만든 관념이므로 공과 허마저 떠날 수 있다면 공과 허를 버리고 비우고 떠나야 자유로워질 것이다.

일곱,

돈의 힘과 인간의 힘,
어느 것이 더 강한가

친구인 태현은 재테크의 달인이다. 그는 다른 사람에게 밥 한 끼 사는 법이 없었다. 그러나 자신과 식구의 건강이나 사회적 성공을 위해서는 돈을 아끼지 않았다. 그는 돈의 힘에 관해 이렇게 설교하곤 한다.

"돈의 힘은 막강해. 사람을 죽이기도 하고 살리기도 하니까. 왜 돈의 힘을 믿느냐고? 돈의 주인이 되면 웬만한 일은 내 뜻대로 할 수 있으니까. 솔직히, 나는 학문이나 예술의 천재도 아니고 종교도 믿지 않아. 그렇다면 내가 기댈 것은 무엇이지? 돈이야.

그렇다고 돈의 노예가 되어 벌벌 떠는 인간은 아니야. 어디까지나 돈의 주인으로서 돈의 힘을 말하는 거야. 돈의 주인이 되어 돈을 적절히 관리하면 자존심을 지키면서 웬만한 일은 뜻대로 할 수 있어. 물론 돈이 만병통치약은 아니야. 예술적 천재, 심원한 철학, 굳은 신앙, 마음에서 우러나오는 선행 등은 돈으로 해결할 수 없어. 그래도 웬만한 일은 돈으로 해결되니까 자본주의를 지나서도 후기 자본주의가 여전히 인간의 삶을 지배하는 것이 아니겠어?"

그의 말을 들으면 나도 모르게 고개를 끄덕이게 된다. 그러나 돈의 힘보다는 인격 주체로서의 인간의 힘이 더 강한 것은 아닐까?

선진국, 개발도상국, 후진국 등으로 국가를 구분할 때 기준은 경제 수준이다. 동시에 문화 수준이 높고 공동체의식이 널리 퍼져 있는 국가를 선진국이라고 하고, 그보다 못한 국가를 개발도상국이나 후진국이라고 한다. 그렇지만 쿠웨이트를 선진국이라고 하지는 않는다. 석유 때문에 갑자기 부자가 된 쿠웨이트는 신혼부부에게 아파트를 선물하고 유학 가는 학생에게는 비행기표와 생활비까지 제공할 만큼 돈이 넘쳐난다. 그러나 돈은 많아서 경제적으로 부유할지 몰라도 문화 수준이 높지 못하고, 국민들의 공동체의식, 곧 인격 주체로서의 자각 수준도 그다지 높지 못하다.

개인소득이 3만 달러 이상이 되면 선진국이라고 말한다. 영국, 독일, 프랑스, 스칸디나비아 국가에서는 사회의 엘리트가 공정성에 대한 의식이 투철하고 봉사 의식이 확고하며, 수단 방법을 가리지 않고 재산을 불린다든가 욕망 충족을 위해 권력을 잡지는 않으려

한다. 이런 의식이야말로 선진국의 기본 조건이다.

그런데 우리나라에서 총리나 장관을 임명할 때 청문회를 보면 가관이다. 위장전입은 문제도 되지 않고, 병역 면제, 논문 표절이나 탈세 등도 심하지 않으면 어물쩍 넘어가버리고 만다. 여당이 내세운 특정 장관 후보자에 대해 야당 국회의원들이 위장전입이나 탈세 혐의를 강하게 질타하지만, 야당이 집권해서 여당이 되면 똑같은 일이 벌어진다.

한국전쟁 이후에 "사람들은 죽으면서도 빽 하고 죽는다"는 말이 유행했다. 빽이란 뒤에서 힘이 되는 것들, 곧 권력이나 돈을 말한다. 후기 자본주의 사회에서 돈만큼 힘이 있는 것은 없다. 그래서 요새 젊은이들도 "돈만 있으면 뭐든지 해결할 수 있다"고 큰소리친다. 그렇지만 돈은 어디까지나 삶의 수단이지, 목적은 아니다. 돈을 삶의 목적으로 여기는 사람은 정신병자에 지나지 않으며, 돈을 삶의 목적으로 아는 사회는 인격적인 인간들의 공동체 사회가 아니라 미래가 없는 인간들의 집단일 뿐이다.

여덟,

정의로움의 결정체,
이상 국가는 가능한가

미셸 푸코의 『성의 역사』를 보면, 성에 관한 우리의 지식은 권력과 불가분의 관계를 가지고 있다. 빅토리아 시대가 지나고 성에 대해 개방되었으나, 자본주의 시대로 접어들면서 인간의 모든 관심은 상품 생산과 이윤 추구에 집중되었고 오히려 성은 억압되었다. 그러나 20세기 중반 이후 후기 자본주의 사회가 도래하면서 성은 다시 개방되기 시작했다.

푸코의 말을 이해하기 위해 단순한 예를 살펴보자. 예전에 사회 질서를 문란하게 만든다며 장발이나 치마 길이를 단속한 적이 있었다. 해군 대령까지 했던 사람이 대학교수가 되어 광화문에 갔다가 삭발당할 뻔한 이야기를 들려준 적이 있다.

"경찰인지 군인인지 젊은 친구가 갑자기 나를 붙잡아서 지프차에 태우는 거야. 종로경찰서 유치장에 갇히고 말았어. 대학교수라고 해도 들은 척도 안 하더군. 내가 갇힌 유치장에는 장발족만 열 명 넘게 있었고, 맞은편 여자 유치장에는 치마가 짧다고 끌려온 젊은 여자들이 여럿 있었어. 참 난감했지. 어쩔 수 없이 해군 대령 출신이라고 하고 대학교수 증명서도 보여주면서 경찰서장이나 과장 좀 만나게 해달랬지. 결국 보안과장을 만나서 앞으로는 머리를 단정히 깎고 다니겠다고 약속하고 풀려났지 뭐야. 유치장에 있던 사람들은 대부분 즉심에 회부되어 벌금 물고 각서 쓰고 풀려났을 거야."

권리로서의 권력이라야 정당하고 설득력이 있지, 권리와는 동떨어질 뿐만 아니라 권리를 무시하는 권력은 폭력에 지나지 않는다. 어떤 집안의 가장은 폭력적 권력과 권리를 구분하지 못하고 큰소리친다.

"옛 어른들 말씀이 천하에 둘도 없는 진리라고 믿어요. 남자는 하늘이고 여자는 땅이라는 말. 부부유별과 장유유서는 불변의 진리고. 나도 아내와 자식을 사랑하죠. 그런데 왜 손찌검하느냐고? 가장의 권리를 무시할 때는 손찌검해야 하는 거예요."

이는 폭력적 권력과 권리를 전혀 구분하지 못하는 것이다. 독재자가 휘두르는 권력은 대부분 폭력이고, 권리와는 거리가 멀다. 우리나라는 민주주의적 권리가 보편적으로 실행되고 있지만, 암암리에, 또는 공공연히 공동체의 의사소통을 무시한 권력이 행해지고 있다. 공공기관이나 기업체의 장은 막강한 힘을 가지고 있다. 사립 대학의 이사장이나 총장은 권력의 맛을 즐기면서 경영과 인사 문제에서 권력을 행사한다.

플라톤에 의하면, 정치가는 양과 사자의 두 얼굴을 가지고 있어서, 평상시에는 순한 양의 탈을 쓰고 있지만 필요할 때 험악한 사자의 얼굴을 보인다고 한다. 그래서 평소에는 민주주의적 권리를 주장하지만, 급할 때는 주관적인 독재 권력을 행사한다. 그러므로 민주주의를 지지하는 사람은 권리의 권력화, 권력의 권리화를 주장하지 않을 수 없다. 권리를 동반하지 않는 권력은 폭력에 지나지 않는다. 또한 권력을 동반하지 않는 권리는 현실성을 잃기 쉽다.

공자나 플라톤이 주장하는 인간상의 바람직한 궁극의 목표는 전인, 곧 성인이나 군자이고, 국가의 최종 형태는 이상 국가다. 인간을 교육하는 이유는 전인에 근접한 인간상을 형성하는 것이다. 그래서 전인교육을 중요시한다.

공자는 춘추전국시대 노(魯) 나라 출신으로 유가의 시조다. 예(禮)와 인(仁)을 근거로 삼는 효제(孝悌)와 충서(忠恕)를 가장 중요한 덕목으로 삼았다. 예와 인을 갖추고 나라를 다스리는 사람은 군자이고, 생업에 종사하는 사람은 소인(小人)이다. 공자가 말하는 예와 인 그리고 효제와 충서는 지배 계층, 곧 성인이나 군자의 덕목으로, 생업에 종사하는 소인은 지배 계층을 따르기만 하면 태평성세가 이루어진다고 주장했다.

한편 플라톤은 정의가 이상 국가의 가장 핵심적인 덕목임을 확고히 한 사상가다. 그는 제자들을 가르치면서 스무 편이 넘는 대화편을 저술했다. 아리스토텔레스는 그의 사상을 계승하여 더 분석적인 이론으로 학문을 세분화, 구체화했다. 플라톤은 세 가지 덕목, 곧 지혜, 용기, 절제가 인간이 갖추어야 할 중요한 덕목으로, 조화를 이루면서 종합되어 정의라는 최고의 덕목이 된다고 했다.

플라톤이 생각하는 완전한 인간은 정의로운 인간으로, 스승인 소크라테스를 그 전형으로 여겼을 것이다. 그는 지혜, 용기, 절제의 종합인 정의를 가장 잘 보여준 인물이었다. 플라톤의 국가는 인간이 확장된 것으로, 완전한 이상 국가에서는 국가의 모든 구성원들이 행복하게 살 수 있다. 그러므로 이상 국가는 바로 정의로운 국가다. 국가를 구성하는 구성원은 지혜를 대변하는 왕, 용기를 대변하는 무사, 절제를 대변하는 생산자로, 세 계급이 조화를 이룰 때 정의로운 이상 국가가 실현될 수 있다.

공자는 부모에 대한 효와 형제에 대한 사랑, 왕에 대한 충성과 신하의 용서 등이 예와 인을 근거로 실행될 경우 이상 국가가 성립할 수 있다고 보았다. 한편, 플라톤은 구체적으로 인간이 정의롭기 위해 갖추어야 할 덕목을 열거하고, 그 덕목들을 바탕으로 사회 계층이 어떻게 정의로운 이상 국가를 성립할 수 있는지 매우 상세하게 설명한다. 이러한 공자나 플라톤의 인간관과 국가관은 21세기에도 여전히 커다란 영향력을 발휘하고 있다.

그러나 실존주의나 해체주의가 등장한 이후로 인간과 국가에 대한 담론은 거대 담론(독단론)을 붕괴시키고 미세 담론(공동체 구성원들의 자유로운 의사소통)으로 향하고 있다. 공자와 플라톤의 인간관 및 국가관은 거대 담론에 속한다. 그런데 칼 포퍼 또는 미셸 푸코 이후 거대 담론은 타당성을 유지하기 힘들어졌다. 어떤 주제든 시간, 공간, 상황, 인간, 관점 등에 따라 의미가 변할 수 있고 다원적으로 해석될 수 있기 때문이다. 따라서 어떤 담론의 주제도 더이상 완전하고 절대적일 수 없다. 완전성과 절대성은 희망 사항일 뿐인데도, 철학자들은 철학적 비판을 망각하고 종교적 신앙처럼 완전성과 절대성을 믿었다. 그래서 그들은 완전하고 절대적인 인간과 국가를 실현시키기 위해 수단과 방법을 가리지 않았으며 전쟁도 마다하지 않았다. 헤겔은 전쟁을 필요악이라고 했고, 전쟁 역시 절대정신의 자기 전개의 과정으로 보았던 것이다.

칼 포퍼는 『열린 사회와 그 적들』에서 열린 사회의 대표적인 적들로 플라톤, 헤겔 및 마르크스를 꼽는다. 이들은 완전하고 절대적인 이상 국가의 실현을 목적으로 삼기 때문이다. 플라톤은 영원불변하는 선(善)의 이데아가 실현되는 이상 국가, 헤겔은 우주 원리인 절대정신이 완전하고도 절대적으로 실현되는 곳, 마르크스는 모든 인간이 예외 없이 물질적 욕망을 평등하게 충족시킴으로써 행복을 누리는 공산주의 사회를 목적으로 삼았다. 이들은 이상주의자들로, 자신들이 소망하는 국가가 현실적으로 실현되리라고 믿었다. 그렇기 때문에 헤겔은 『법철학』에서 "이성적인 것은 현실적이며, 현실적인 것은 이성적이다"라고 주장했다. 즉, 절대정신의 완성이 현실적 삶과 동일하다는 것이다.

프로이트나 라캉을 떠올려보자. 프로이트에 의하면 인간의 정신과정은 자아, 초자아, 원초아 세 가지로 구성된다. 자아는 이성적인 것으로서 보통 우리들이 '나'라고 부르는 것이고, 초자아는 영유아기에 부모로부터 교육받은 도덕 내용이고 원초아는 무의식적 충동이다. 물론 자아와 초자아(보통 우리가 의식하지 못하는)는 원초아에서 파생되어 생긴 것이다. 정신과정 중에서 가장 큰 부분은 마치 보이지 않는 엄청나게 큰 빙산에 해당되는 원초아(초자아를 포함하는)이고 바닷물 밖에 떠 있는 빙산의 아주 작은 부분이 자아이며 이 자아만 이성적이고 합리적이다.

라캉에 의하면 자아는 상상계, 상징계 등에 의해 비로소 현실계의 자아가 된다. 욕망의 작은 덩어리는 자아의 부분을 상상에 의해 종합하고, 더 나아가서 사회적 상징을 통해 점차 통일적인 자아를 형성한다. 프로이트나 라캉의 정신분석학적 입장에서 자아를 관찰할 경우 성인군자와 같은 완전하고 절대적인 인간의 자아란 존재할 수 없다. "상상계와 상징계에 의해 현실계의 자아가 형성된다. 우리는 현실적 자아의 정체를 정확히 알 수 없다. 상상적 부분과 상징적 부분의 결합에 의해 성립한 것이기 때문이다."

이상 국가 역시 우리의 이념 안에 존재하는 것일 뿐, 현실적인 것은 아니다. 현실은 다원적인 관점에서 통찰해야 한다. 그리고 현실과 이상을 구분하지 못하면 독재 권력이 난무한다.

아홉,

느림과 여유의 삶을 누릴 수 있는가

왜 사람들은 아름다워지려고 하는가? 인간은 사회적 존재이므로 남들보다 아름다우면 우월감을 느끼고, 스스로 자신감을 가지며, 확고한 존재감을 맛볼 수 있다. 무엇보다도 아름다움은 추함과 반대되는 것으로, 인간은 가능하면 추함을 멀리하고 아름다움의 편에 서려고 한다.

아름다움이란 도대체 무엇일까? 아름다움이 무엇이기에 목숨을 걸고 성형수술까지 받아가면서 아름다워지려고 하는 것일까? 아름다움이란 미적 쾌감을 일으키는 대상이나 사태의 성질이다. 전통적으로는 자연미와 예술미로 구분된다. 자연미는 산이나 강, 들판이나 하늘, 해변과 바다 등이 보여주는 아름다움이고, 예술미는 예술작품이 지니고 있는 아름다움이다.

아리스토텔레스는 예술미는 미적 쾌감을 가져다주며 성적 쾌감과는 무관하다고 했다. 아름다운 그림이라도 팔아서 이윤을 남기겠다는 목적을 가지고 쾌감을 느낀다면 미적 쾌감과는 거리가 멀 것이다. 아리스토텔레스가 말하는 미적 쾌감은 다분히 수학적 조화에서 느끼는 쾌감과 유사하다.

과거의 철학자들은 순수한 미와 그렇지 못한 미가 있고, 순수한 미는 본유 관념이라고 생각했다. 이는 수학에서 비롯되었을 것이다. 사실 학문의 시발점이 수학인지, 철학인지는 답하기 어렵다. 이론적 체계의 질서와 기초는 수학에 의해 제공되지만, 수학을 학문의 기초로 자리매김해 주는 사고는 철학적 사고다. 고대 그리스의 플라톤을 비롯해서 데카르트나 스피노자와 같은 사상가들은 수학을 완전하고 절대적인 학문, 곧 이상적인 학문이라고 보았다. 같은 맥락에서 라이프니츠는 철학을 수리논리화(數理論理化)하면 오류를 범하지 않으리라고 보았다.

라이프니츠에 의하면 철학적 표현은 주로 일상 언어에 의존하는데, 길게 표현하다 보면 서론에서 말한 것이 결론에 가서는 전혀 다른 의미로 이야기되어 오류를 범할 수 있으며 독자는 그런 오류를 발견하기 어렵다. 그러므로 철학적 표현을 수학적으로 전개하면 서론에서 표현된 것은 오류를 범하지 않고 결론에서도 정확히 진술된다는 결론이 나온다. 간단히 말해서 라이프니츠의 수리논리적인 표현에 대한 착상은 오늘날 컴퓨터언어의 시발점이었다고 할 수 있다. 라이프니츠의 수리논리는 20세기에 들어와서 기호논리학으로 발달했고 기호논리학은 컴퓨터에 응용되어 컴퓨터언어가 되었다.

플라톤은 물론이고 데카르트도 수를 본유 관념으로 보았다. 본유 관념이란 경험이나 관습과 상관없이 인간의 영혼이 본래부터 선천적으로 소유하고 있는 관념을 말한다.

사람들이 아름다워지려고 하는 것은 이분법적 사고의 틀 때문이다. 인류 문화는 거시적으로 보면 이분법을 기초로 전개되어 왔다. 플라톤은 진리와 허위를 구분하면서 영원불변하는 원형은 이데아이고 이데아의 그림자가 현실 세계라고 했다. 예컨대 현실 세계의 미인은 수시로 변하고 죽지만, 미인의 원형은 이데아 미인으로서 정신세계 안에서 영원불변하다는 것이다.

그림자 미인은 거짓이고 현실의 미인이라고 한다면, 이데아 미인은 완전하고 절대적인 미인이다. 현실의 그림자 미인은 정신계의 이데아 미인에 비하면 불완전하고 상대적이기 때문에 추하다. 플라톤은 진리와 선에 관해서도 이분법적인 견해를 가지고 있다. 진리의 결여는 허위이고, 선의 결여는 악이라는 것이다. 데카르트와 스피노자도 플라톤적인 경향을 띤다. 데카르트는 본유 관념을 기초로 진리와 선의 문제를 해결할 수 있으며, 스피노자 역시 불변하는 실체인 신(또는 자연)을 근거로 수학적 문제를 풀어나갈 때 합리적인 답을 구할 수 있다고 보았다.

그런데 현실에 있어서 진선미는 어떤 의미를 가지고 있는가? 진선미는 영원불변하는 것이 아니라 장구한 역사 문화를 통해 인간이 만들어온 개념이라는 사실에 주의할 필요가 있다. 5+7=12는 영원한 수학적 진리인 것처럼 여겨진다. 어느 누구도 5+7=20이라고 주장하지 않는다. 그러나 더하기, 빼기, 나누기, 곱하기 등 수학을 형성하는 요소가 본래부터 영원불변하게 존재하는 본유 관념인지 묻는다면 플라톤, 데카르트, 스피노자 등과 다르게 생각하게 된다.

잠시 현실로부터 눈길을 돌려서 천문학, 고생물학, 지질학, 고고학 등이 무엇을 연구하며 현재 어떤 결론을 도출해 내었는지 생각해 보자. 지구는 태양계의 떠돌이별이고, 우주의 한 점이며, 대우주의 한 티끌이고……. 태양에서 지구가 떨어져 나와서 뜨거운 불덩이였을 때 5나 7과 같은 수들은 이미 인간의 본유 관념으로 존재하고 있었을까? 진화론에 의하면 인간의 아득히 먼 조상은 일종의 커다란 설치류였고 그것의 조상은 물고기였다고 하는데, 그것들에게도 5나 7과 같은 수가 영원불변하는 인간의 본유 관념으로 존재했을까?

본유 관념은 완전하고도 절대적인 것이다. 자신의 존재가 불완전하고 상대적이라고 생각한 인간은 완전하고 절대적인 삶을 이상적 삶으로 여기고 완전성과 절대성을 대변하는 대표적인 학문으로 수학을 내세웠던 것이 아닐까? 완전성과 절대성에 집착하면서부터 인간은 이미 느림과 여유의 삶으로부터 멀어진 셈이다. 완전하고 절대적인 삶을 실현하기 위해서는 완전하고 절대적인 진선미에 도달해야 하기 때문이다. 끊임없이 변하는 것을 불변하는 것처럼 보이게 하려면 느림과 여유의 삶이 끼어들 틈이 없었을 것이다.

일반적으로 사회적으로 유명하며 성공한 사람들은 다른 사람들보다 탁월한 여러 가지 장점을 가지고 있다. 그들은 매사에 빈틈이 없고 개미처럼 부지런하며 머릿속은 온갖 계산으로 복잡하다. 있는 집 출신에 일류 대학을 나오고 배후 세력도 든든하다. 가문도 별 볼 일 없고 대학도 제대로 다니지 못하고도 성공한 사람은 극히 드물다.

예전에 대학교의 이사장과 함께 박 회장이라는 재력가를 만날 기회가 있었다. 호텔의 한적한 레스토랑에서 처음 본 박 회장의 인상은 자신감에 가득 찬 노신사였다. 박 회장은 이사장에게 내 소개를 듣고 흘끗 쳐다보더니 시원치 않은 인물이라는 듯 무표정하게 다시 자리에 앉은 후 천천히 식사했다. 그리고 근엄한 음성으로 대학 운영과 대학의 산하 업체 운영에 관해 조목조목 지시하듯이 말했다. 이사장의 표정을 보니 벌써 한두 번이 아니라는 듯 건성으로 듣고 있었다. 나중에 들은 이야기에 의하면 박 회장은 중소기업을 여러 개 가지고 있고 대학도 부인의 이름으로 가지고 있다고 했다. 이사장에게 내가 왜 그 자리에 끼게 되었는지 물었더니, 과부인 이사장과 박 회장의 관계가 좋지 않게 알려질 수도 있어서 루머 방지용으로 나를 데리고 갔다는 것이었다.

꽤 오래전의 일이다. 어떤 모임에서 자주 만나서 함께 일하던 선배 교수가 있었다. 나는 개인 사정으로 그 모임에서 나왔는데, 선배 교수는 어찌어찌하다가 국무총리가 되어 얼마간 총리직을 맡은 후 임기가 끝나 퇴직하고 여러 재단 일에 관여하고 있었다. 마침 출판 관계 모임이 있어서 모 호텔에 갔는데, 아직 시간이 이른지 사람들이 몇 없었고 단상 가운데 자리에 총리였던 선배 교수가 앉아 있었다. 몇 년간 보지 못했기에 반가워서 얼른 달려가서 그간 안녕하셨느냐고 인사했다. 선배 교수는 나를 건성으로 쳐다보더니 아무 말 없이 보일 듯 말듯 고개만 까딱하곤 얼른 다른 곳으로 시선을 돌렸다. 그 선배 교수는 이미 나와는 전혀 차원이 다른 높은 자리에 있는 사람이라는 사실을 나는 까마득히 잊고 있었던 것이다.

인류 역사와 사회는 이분법적 사고방식을 더욱 굳히면서 오늘날에 이르렀고 앞으로도 그러할 것이다. 이분법적 사고방식은 쉽게 말해 상식의 틀이다. 진리와 허위, 아름다움과 추함, 선과 악은 대표적인 이분법의 예다. 그러나 진선미에 관한 인간의 지식은 역사문화적 맥락, 사회 상황, 권력 등과 불가분의 관계를 맺고 있으므로 거대 담론은 더 이상 의미가 없다. 즉, 진선미는 영원불변하는 완전하고 절대적인 이데아이고 그 그림자인 참다운 학문, 선한 행동, 아름다운 여성 등은 불완전하고 상대적일 수밖에 없다는 플라톤적 이분법적 사고방식은 더 이상 설득력이 없다.

인간의 욕망은 빈 구멍과 같아서 채워도 채워도 굶주림으로 발버둥친다. 욕망의 궁극적인 목적은 완전성과 절대성이다. 욕망은 완전하고 절대적인 충족을 바란다. 그러나 욕망 자체는 빈 구멍이기 때문에 아무리 채워도 여전히 비어 있다.

미세 담론은 거대 담론을 해체하는 열린 담론이다. 칼 포퍼는 열린 사회란 점진적으로 바람직한 사회를 다원적으로 모색해 나가는 사회라고 정의한다. 그러므로 완전하고 절대적인 플라톤의 이상 국가, 헤겔의 절대정신의 국가, 마르크스의 과학적 공산주의 사회는 닫힌 사회이고, 닫힌 사회에서 인간은 억압받고 강요당할 뿐이라고 역설한다. 열린 사회는 이상 국가의 반대 개념이 아니라 이상 국가를 받아들이고 해체하는 사회이므로, 지금의 우리에게 필요하다.

21세기에 이분법적 사고방식은 디지털 기기의 무한한 발달을 느림과 여유의 삶인 것처럼 펼쳐 보여준다. 발달과 퇴보라는 또 하나의 이분법적 사고방식 앞에서 한 치의 망설임도 없이 발달을 택하는 사람은 느림과 여유의 삶을 송두리째 망각한 채 스마트폰에 낙원이 있는 듯 서슴지 않고 기쁜 마음으로 따라간다. 이분법적 사고방식은 지성의 산물이고, 지성은 욕망의 산물이다. 욕망은 자제할 뿐만 아니라 욕망을 무화시킬 수 있을 때 느림과 여유의 삶이 가능하지 않을까?

열,

완전하고 절대적인 삶은 존재하는가

태어나는 순간에 인간은 생물학적 의미의 개체에 지나지 않으며, 아기는 아직 무(無)에 가깝다. 여기에서 무는 비었다는 의미라기보다는 '아직 규정되지 않은 것'을 뜻한다. 사춘기가 지나서 성인이 되기 전까지, 인간 개체는 부모, 학교, 친구, 사회로부터 많은 것을 학습하여 껍질을 두껍게 하면서 가능한 한 안정된 자아를 형성해야 한다.

자아는 양파와도 같다. 양파 껍질을 벗기다 보면 마지막에는 남는 것이 없듯, 인간의 자아 역시 껍질이 겹겹이 싸여서 된 것이므로 단단한 씨앗이나 알맹이가 없다. 오온(五蘊: 불교에서 물질과 정신을 다섯으로 나눈 것. 즉, 색온(色蘊), 수온(受蘊), 상온(想蘊), 행온

(行蘊), 식온(識蘊)을 일컬음)이 사물을 구성하는 다섯 가지 요소라고 할 때, 오온의 원천은 무명, 곧 욕망 내지 충동이다. 그런데 욕망이 빈 것이라면 욕망도 욕망이라고 할 수 없다.

그런데 우리는 자아의 동일성을 주장할 뿐만 아니라 완전하고 절대적인 자아뿐만 아니라 완전하고 절대적인 삶에 도달하기 위해 발버둥친다. 특히 예술과 철학, 종교는 완전하고 절대적인 아름다움과 진리와 선을 제시하는 문화의 요소로 높이 평가되었다.

오래전 프로이트의 예술, 철학 및 종교에 관한 익살맞은 비판을 읽는 순간, 나도 모르게 무릎을 친 적이 있다. 프로이트의 예술, 철학, 종교에 관한 비판을 생각나는 대로 요약하면 다음과 같다.

"무의식적인 욕망 내지 충동을 이성적인 자아가 지나치게 억압할 경우 노이로제 증세가 나타난다. 무의식적인 충동과 억압하는 이성적 자아가 서로 조화를 이루어야만 소위 정상적인 정신 과정이 가능하다. 문화의 요소 중에서 두드러진 노이로제 증세가 예술과 철학과 종교다. 화가는 파란 하늘을 노란색으로 칠하고 초록의 나무를 빨간색으로 표현하기도 하며, 시인은 숲이 슬퍼한다고도 하고 시냇물이 유쾌하게 조잘댄다고도 말한다. 그러므로 예술은 비정상적이다. 그렇지만 사람들을 즐겁게 해주기 때문에 반드시 치료해야만 하는 노이로제 증세는 아니다. 예술은 그대로 내버려두어도 큰 탈이 없다.

또 다른 노이로제 증세는 철학이다. 철학자라고 하는 일단의 무리는 눈에 잘 띄지 않는 구석에 자기들끼리만 모여서 일반인들이 잘 이해할 수 없는 단어로 들리지 않게 나지막이 소근거린다. 철학자들은 실체, 속성, 양태, 순수 이데아, 물자체(物自體), 단자(單子) 등 자기들끼리만 이해하는 개념들을 만들고는 신성한 개념인 양 조심스럽게 다룬다. 그러나 타인들에게는 해를 끼치지 않으므로 역시 치료하지 않고 내버려두어도 별 탈이 없다.

그렇지만 반드시 치료가 필요한 문화 노이로제가 종교다. 사제들이나 신도들은 자기들의 희망 사항이 마치 참인 것처럼 날조하여 신이니 도(道)니 명칭을 부여하고 그것들이 영구불변할 뿐만 아니라 완전하고도 절대적이라고 주장한다. 또한 다른 종교를 탄압하고 동화시키려고 한다. 동서고금을 통해 종교 전쟁만큼 잦고 가혹한 싸움도 없다. 특정 종교 및 신자들은 공공연하게 타인들을 억압하고 자신의 종교를 강요한다. 그렇기 때문에 종교는 증세가 매우 심각한 노이로제다."

프로이트는 원초아를 근원적 욕망이나 충동 또는 힘이라고 보았다. 초자아와 자아는 원초아로부터 생긴 것이다. 정신 과정은 원초아와 초자아라는 무의식적인 것과 자아라는 의식적인 것의 결합체다. 원초아, 곧 욕망은 무한한 결핍이므로 밑 빠진 독과도 같다. 아무리 충족시켜도 채워지지 않는 결핍이 욕망이자 충동이므로, 욕망으로서의 원초아의 힘은 끝이 없다.

말년에 프로이트는 리비도(원초아)를 타나토스(죽음)와 에로스

(사랑)로 구분했다. 정신 과정의 원천인 리비도는 무한한 삶의 힘이고 에로스이지만, 자신이 살기 위해서는 다른 것을 파괴하고 죽여야만 한다. 파괴하고 죽이는 힘이 강해지면 리비도는 자기 자신마저 죽이고 후손을 살린다. 프로이트는 연어의 예를 들었는데, 연어는 생명을 연장하기 위해 강을 거슬러 올라갈 때 생명에 방해되는 모든 것을 파괴하면서 강 상류로 힘차게 헤엄치다가, 궁극적으로 스스로를 죽임으로써 새로운 생명체를 탄생시킨다.

프로이트의 정신분석학에는 유물론적인 특징이 두드러지긴 하지만, 그의 정신분석학 이론이 처음부터 일관성 있게 유물론적인 것은 아니다. 그가 말하는 정신 과정이나 영혼 과정은 넓은 의미에서 인간 개체의 나(자아)를 뜻하는데, 그 개념이 유물론적이라고 보기는 어렵다. 오히려 관념론적인 성격이 강하며, 에로스와 타나토스도 다분히 신화적 성격을 띤다.

그럼에도 불구하고 프로이트는 우리들이 아무런 의심 없이 믿고 있는 자아라는 것이 정신 과정의 지극히 작은 일부분임을 밝히려고 애썼으며, 자아(나)는 우리가 의식하지 못하는 엄청나게 큰 힘을 가진 원초아의 표면에 떠 있는 작디작은 한 부분(의식된 이성적인 부분)에 지나지 않는다고 주장했다.

위대한 정치가나 철학자는 언제나 합리적으로 생각하고 행동하라고 말한다.

"인간은 이성적인 존재다. 항상 부분과 전체를 냉철하게 관찰하고 문제점이 무엇인지 찾아내어 논리적인 사고방식에 의해 해결책을 제시할 때 설득력 있는 답을 찾을 수 있다. 이성이란 인간에게 완전하고 절대적인 행복이 무엇인지를 가르쳐주며, 어떻게 다가갈 수 있는지 알려주는 유일한 능력이다."

합리론 철학자들은 물론이고 경험론 철학자들도 인간은 본래부터 영원불변한 이성 능력을 타고났다고 믿는다. 경험론자들은 이성의 존재를 부정하고 마음을 내세워서 마음이 감각으로 대상을 안다고 하지만, 그들이 말하는 마음은 합리론자들이 내세우는 이성과 큰 차이가 없어 보인다.

인간을 이성 존재나 영혼 존재 또는 정신 존재라고 하는 것은 적어도 그 원천이 완전성과 절대성에 있고 인간에게는 완전하고 절대적인 삶이 가능하다는 것을 암암리에 전제하는 것이 아닐까?

그렇다면 느림과 여유의 삶에 관해 이야기하면서 어떤 근거에서 완전하고 절대적인 삶이 허구임을 밝히려 하는가? 내가 말하는 느림과 여유의 삶은 방황하고 의심하며 절망하는 삶이고, 끊임없이 시행착오를 반복하는 삶이다. 느림과 여유의 삶을 '돈 나와라 뚝딱'과 같은 도깨비 방망이나 요술 방망이로 알고 내 글을 읽는다면, 몇 줄 읽지도 못하고 덮을 것이다. 내가 말하는 느림과 여유의 삶은 한가롭게 세월을 낚시질하는 강태공의 삶도 아니고, 도시 생활에 지친 마음을 달래기 위해 걷는 올레길의 삶도 아니고, 질 좋은 삶과 건강을 위해 찾은 전원의 삶도 아니다. 느림과 여유의 삶은 인간이 과연 이성적인 존재인지, 정말 불변하는 영혼이나 정신을 가진 존재인지, 과연 인간에게 완전하고 절대적인 삶이 가능한지를 다원적인 각도에서 철저하게 물어보며 고뇌하는 삶이다.

니체가 쓴 『인간적인, 너무나 인간적인』이라는 책은 무엇이 인간적이라는 뜻일까? 인간은 낙타와 사자, 아이를 통해 인간적인 것의 특징을 찾는다. 낙타는 모든 것을 인내한다. 사자는 다른 동물을 제압하면서 거침없이 내닫는다. 그러나 아이는 낙타와 사자의 단계를 거친 후 새로 태어났기 때문에 창조의 힘을 가지고 있으며 힘에의 의지를 무한히 펼칠 수 있다.

니체에 의하면 완전하고 절대적인 삶이란 합리주의, 소크라테스주의, 플라톤주의, 퇴폐주의, 낭만주의, 기독교 도덕 등이 만들어낸 허구에 지나지 않는다. 니체는 지금까지 은폐되어 있어서 아무도 찾아내지 못했던 창조적인 힘에의 의지를 바탕으로 새로운 가치, 이를 근거로 하는 새로운 창조적 문화를 세울 것을 호소한다.

지금까지 위대한 사상가들이 주장한 완전하고 절대적인 삶은 지배 계층에 속하는 사람들이 기득권을 영속적으로 누리기 위해 만들어낸 허구다. 예컨대, 신이나 사랑 등은 지배욕을 충족시키기 위해 만들어낸 개념에 불과하다.

"옛날 옛적에는 물리적으로 강한 신체를 가진 자가 약한 자를 지배했어. 그러나 약자는 오랫동안 억압당하면서 지내다가 원한과 분노에 휩싸여서 강자가 보지 못하는 곳에서 단련하여 강자에게

맞설 만큼 강한 신체와 계략을 소유하게 되었던 거야. 이 사실을 안 강자는 이대로 가다가는 자신의 위치가 매우 위태롭다는 것을 깨달았지. 강자는 고민하다가 드디어 무릎을 쳤어. '그래. 전지전능한 하나님 개념을 퍼뜨리는 거야. 그리고 내가 전지전능한 하나님을 대변한다고 천하에 널리 알리는 거지. 전지전능한 하나님의 은총으로 완전하고 절대적인 삶을 누리고 있고, 앞으로 약자들이 말을 잘 들으면 완전하고 절대적인 삶으로 갈 수 있는 길을 가르쳐줄 거라고 말이야. 약자는 전지전능한 하나님 앞에서 절대로 고개를 들어서도 안 되고 눈을 떠서도 안 되는 거야.'

그런데 어떻게 해서 완전하고 절대적인 신과 사랑이 거짓이라는 사실이 만천하에 드러나게 되었을까? 약자는 오랫동안 고개를 숙이고 있었지만, 틈만 나면 조금씩 고개를 들거나 눈을 떴어. 드디어 약자가 큰 소리로 외쳤지. '강자가 계속 지배하려고 아무것도 없는데도 전지전능한 신이 존재하고 자신이 그 신을 대변한다고 거짓말을 했구나!' 사실 신과 아울러 사랑도 인간을 노예로 만들기 위해 만들어진 개념이므로 기독교 도덕은 노예 도덕에 지나지 않아."

기독교적 사랑에 관한 니체의 분석 역시 흥미롭다. 니체는 기독교의 사랑을 뒤집어보면 원한이라고 주장한다. 예수가 십자가에 못 박혀 죽은 후 예수의 제자들은 예수의 가르침을 사람들에게 알리기 시작했다. 예수의 제자들이 없었다면 오늘날 기독교는 존재할 수 없었을 것이다. 예수는 죽을 때까지 유대교 신자였다. 안식일에 하나님을 섬기지 않고 장사한다고 질타하면서 난리를 피울 때, 예수는 "유대교를 없애려는 것이 아니라 오히려 강화시키려 한다"고 소리쳤다.

예수의 제자인 바울은 원래 이성 중심의 질서와 체계를 갖춘 고대 그리스 철학에 정통한 그리스인이었다. 그는 직접 예수를 본 것이 아니라 예수의 제자들에게 가르침을 받고 신앙심이 두터워져서 복음을 전했다. 그가 전한 12개의 서한은 기독교가 탄생하는 데 결정적인 역할을 했다. 바울은 모든 것을 다 바쳐서 예수의 복음을 전도하다가 64년 로마에서 순교했다.

바울이 죽은 후, 기독교 신자들은 로마의 박해를 피해 카타콤에서 예배를 보았다. 정치적으로 아테네가 멸망하고 로마가 지배했지만, 문화적으로는 그리스를 물려받은 헬레니즘 시대였다. 기독교 신자들은 로마인에 대한 적개심이 매우 컸고 원한을 품고 있었다. 그러나 이러한 감정을 로마인들에게 표현할 수는 없었다. 예수의 신봉자임이 밝혀지고 공공연하게 로마인들에게 적개심을 표현하면 당장 체포되어 십자가형이나 화형에 처해질 것이 뻔했기 때문이다. 그래서 겉으로는 "우리들은 너희들을 사랑한다. 참다운 사랑은 원수에 대한 사랑이다"라고 끈질기게 말했던 것이라고 니체는 주장한다.

니체의 기독교 사랑에 대한 고찰이 아니더라도 완전하고 절대적인 이성이나 인간 또는 삶은 모두 인류의 역사, 문화, 사회, 환경 등에 의해 인위적으로 구성된 개념이다. 그런 개념이 영원불변하다고 생각하는 것은 단지 관습적인 믿음에 지나지 않는다.

열하나,

'너 자신을 알라'의
진정한 의미는 무엇인가

언제부터인가 내 머리에 문제가 있는 게 아닌가 하는 생각이 들었다. 책을 읽으면 읽는 순간에는 이해가 가는데, 얼마 지나지 않아 읽은 것을 까마득히 잊어버리고 말았다. 낯선 책을 펼쳐보면 분명히 책 가장자리에 메모까지 해놓았는데도, 언제 읽고 왜 그렇게 메모했는지 기억이 가물가물했다. 고민 끝에 '나는 바보 멍청이야. 그러니 이 세상 남녀노소가 다 스승이야. 길거리의 풀 한 포기와 돌 한 개도 내 스승이야!'라고 마음먹기로 했다. 그랬더니 지식에 대한 자만심은 씻은 듯 사라져버렸고, 그제야 뉴턴이 "내가 가진 지식은 해변의 무수한 모래알 중 한 알보다도 작다"라고 말한 것이

절실하게 와 닿았다.

소크라테스는 고민이 있을 때마다 델피 신전에 찾아가서 무녀에게서 신탁을 들었다고 한다. 가장 중요한 신탁은 "너 자신을 알라!"였을 것이다. 보통 소크라테스가 한 말인 줄 알지만, 무녀가 전한 신탁을 소크라테스가 자주 되뇌었던 것이다. 사상가들은 나(자아)를 확고부동한 것으로 알고 있었으므로 '나가 무엇이고, 나는 어떻게 생겨서 변화하고 어떻게 소멸되는지'에 관해서는 큰 관심을 보이지 않았다.

사람들은 자신의 알맹이가 영혼 내지 정신이라고 믿으며 영혼은 영구불변한다고 믿는다. 그런데 이런 관점에서 벗어나 영혼에 관해 묻기 시작하면 문제가 복잡해진다. 어떤 사람은 영혼의 무게가 15그램이라고 했는데, 사람이 죽자마자 체중을 재었는데 15그램이 줄었기 때문이다. 만약 영혼이 영구불변하여 병들거나 나이도 먹지 않는다면 각종 질병에 걸리거나 죽는 이유는 무엇일까? 난자와 정자가 수정되기 전에, 영혼은 어디에 있는가? 정자나 난자도 각각 영혼을 가지고 있을까? 수정란에 영혼이 있다면 언제, 어떻게 해서 수정란에 깃들게 된 것일까?

"너 자신을 알라"는 말을 들으면 일상성에 물든 나를 떠올린다. 일상적인 나는 "남들만큼 알고 있고, 남들보다 뛰어나지는 않더라도 남들보다 더 많이 알 수 있는 능력을 가지고 있다"고 자신한다. 소크라테스는 자신이 아는 것이 거의 없다고 생각했기 때문에 사람들은 "자신이 여러 가지를 알고 있다는 것을 잘 알고 있는 데 비해 나는 나 자신이 아무것도 모른다는 사실을 알고 있는 것이 다르다"고 말했다. 이 말은 어찌 보면 역설적인 표현이다. 즉, 소크라테스 자신은 자기가 아무것도 모르고 있다는 사실을 잘 아는 데 비해 사람들은 자신이 모른다는 것을 전혀 모르고 있다고 말한 것이다.

소크라테스는 자신을 아테네의 등에로 비유했다. 등에는 소의 등에 달라붙어서 피를 빨아먹는 벌레로, 자신이 등에처럼 아테네인을 각성하게끔 괴롭히는 역할을 한다고 생각했다. 『잔치』에 등장하는 소크라테스는 여유만만한 인물이다. 밤새워 술을 마시며 지혜와 사랑에 관해 이야기를 나눈 후, 제자들은 새벽이 되자 모두 곯아떨어졌는데 소크라테스 홀로 전혀 취한 내색도 없이 새벽 산책에 나선다. 아테네 시내를 산책하던 소크라테스는 가끔 대로에서도 갑자기 멈추어 서서 사색에 빠지곤 했다고 한다. 그는 갑자기 문제가 떠오르면 그 문제의 해결책을 찾기 위해 잠시 발걸음을 멈추고 마음의 여유를 누릴 줄 아는 인물이었다.

소크라테스는 그리스 말기의 인물로서, 정치적으로 쇠망해 가는 아테네의 사회 환경으로 인해 철저한 앎보다는 사회정치적 윤리와 도시국가의 정치철학에 지대한 관심을 가졌을 것이다. 소크라테스는 포티다이아전쟁(기원전 431~429년), 델리온전쟁(기원전 424년), 암피폴리스전쟁(기원전 422년) 등에 보병으로 참전했다. 그는 일상생활에서 사려, 절제, 소박함이 몸에 밴 인물로서 도시국가 아테네의 안정과 국민의 행복을 위해 어떻게 하면 보편적인 정의를 실현할 수 있을지 일생 동안 고뇌했다. 그는 영원불변하는 보편적 정의를 아테네 길거리에서 젊은이들에게 가르쳤으며, 그중 한 사람이 플라톤이었다.

어떤 사상가의 사상은 그가 처한 사회 상황과 단절될 수 없다. 정치적으로 불안한 사회 상황이었으므로 소크라테스는 불변하는 자아와 이상적인 도시국가를 염두에 두고 있었을 테고, 그러한 그의 생각은 플라톤에 이르러서 꽃피우기 시작했다. 플라톤의『변호』와『파이돈』을 보면 소크라테스가 사형선고를 받고 독약을 마시게 된 이유가 기록돼 있다. 소크라테스는 많은 청년 및 정치가들과 대화하면서 그들의 무지를 폭로했기 때문에 암암리에 적개심을 샀다. 그러다가 몇 사람이 소크라테스를 고발했는데, 국가가 인정하는 신들을 소크라테스가 믿지 않을 뿐만 아니라 그가 청년들을 타락시키기 때문에 위법행위를 했다는 것이 그 근거였다. '아폴로기아(Apologia)'를 흔히 '변명'이라고 번역하는데『변호』에서 소크라테스는 자신이 그리스 신들을 믿으며 청년들을 정의로운 길로 이끌었으므로 전혀 죄를 범하지 않았다고 강변하므로 구차스러운 '변명'이라기보다는 당당한 '변호'다.

소크라테스는 그야말로 산전수전을 다 겪고 71세에 사형 선고를 받아 독약을 마심으로써 삶을 마감했다. 소크라테스는 델리온

전쟁에서 크세노폰을, 포티다이아전쟁에서는 알키비아데스의 목숨을 구했다고 한다. 그런데도 델피 신전 입구에 적혀 있던 "너 자신을 알라"의 뜻을 되새기면서 조금이라도 틈이 있으면 사색에 잠기는 여유가 있었다. 소크라테스가 사형 선고를 받고 감옥에 갇혀 있을 때 그의 오랜 친구인 크리톤이 탈옥해서 아테네를 떠나기를 간곡히 권했다. 재판이 정의롭지 못했고, 아테네 시민들도 소크라테스가 사형당하는 것을 원치 않으며, 제자들이 앞일을 다 마련해 놓았기 때문이었다. 그러나 소크라테스의 태도는 완강했다. 소크라테스의 주장을 대강 요약하면 다음과 같다.

"나는 지금까지 정의를 내 삶의 최대 목표로 삼고 살아왔네. 만일 내가 도망간다면 정의는 어떻게 되겠는가? 나는 재판 과정에서도 내가 옳고 정의롭다고 변호했네. 지금 이 감옥 안에서도 마찬가지 생각이고, 독약을 먹고 죽는다고 해도 내가 끝까지 정의를 추구했다는 것을 보여주고 싶네."

소크라테스와 함께 가장 고귀하고 장엄한 여유를 보여준 인물로 예수를 꼽을 수 있다. 로마 귀족들이나 총독 빌라도가 처음부터 예수를 처형할 계획이었던 것은 아니다. 유대교 제사장들이 예수를 시기하고 질투하여 그를 처벌해 주기를 집요하게 청했기 때문에 마지못해 십자가에 매단 것이다. 예수가 잡혔을 때 제자들은 로마 군인을 매수하여 예수를 빼낼 방법을 마련해 두고 탈출하기를 권했다. 그러나 예수는 소크라테스처럼 고귀하고 장엄한 삶의 여유를 보여주면서 결국 "뜻대로 하소서"라는 속삭임과 함께 삶을 마감했다.

만일 소크라테스나 예수가 제자들의 뜻에 따라 감옥을 탈출하여 일생 동안 잘 먹고 잘 살았다면 오늘날의 인류 역사와 문화는 어떤 모습을 하고 있을까? 느림과 여유의 삶은 눈코 뜰 새 없이 바쁘게 돌아가는 기계적 일상을 벗어나서 휴가를 얻어 깊은 산 속이나 호젓한 해변을 갔을 때 맛볼 수 있는 삶이기도 하다. 그러나 참다운 느림과 여유의 삶은 자발적 결단이 없이는 불가능하다.

열둘,

끝없이 배우면 허무함이 사라질까

　고등학교와 대학 시절, 나는 틈만 나면 『논어』와 『대학』의 구절을 외우면서 혼자 흥겨워했다. 『논어』에서는 특히 다음 부분을 좋아했다. "배우고 때로 그것을 익히니 기쁘지 아니한가. 멀리 있는 친구가 찾아오니 기쁘지 아니한가. 사람들이 나를 알아주지 않아도 싫어하지 않으니 이 역시 군자가 아닌가(學而時習之 不亦說乎 有朋自遠方來 不亦樂乎 人不知而不慍 不亦君子乎)." 『대학』에서는 "대학의 도는 밝은 덕을 명료하게 하고, 백성은 새롭게 하며, 지극한 선에 머무르는 데 있다(大學之道 在明明德 在親民 在止於至善)"라는 구절을 좋아했다.

나는 매우 늦게 공부를 시작했다. 8·15해방과 6·25전쟁을 겪고 1·4후퇴 때 남하하는 바람에 열 살이 될 때까지 초등학교 문턱에 가보질 못했다. 몸이 약해서 가죽과 뼈만 남아 병치레만 하느라고 부모님에게 짐만 되었다. 지금까지도 부모님의 대화가 생생하게 기억난다. "둘째는 아마도 제 명을 못 살 것 같아!" 그러다가 열 살이 되면서 겨우 사람 꼴을 하고 문 밖에 나가 해바라기도 하고 오가는 사람들 구경도 하게 되었다.

아버지는 초등학교 2, 3학년 국어, 산수, 자연 교과서와 몽당연필, 종이를 갖다주곤 했다. 나는 남들이 보아서는 안 되는 나만의 보물로 알고 보통 때는 검은 보자기에 꼭꼭 싸두었다가, 아무도 없을 때 그 내용을 종이에 베껴 쓰기를 수없이 되풀이했다. 또는 양지바른 곳에 가서 검은 보자기를 풀고 혼자서 수수께끼를 풀어가며 놀곤 했다. 아버지와 단둘이 있을 때에야 베껴 쓴 것을 아버지께 보여드렸다. 아버지는 내 등을 몇 번이고 토닥거리면서 읽는 법이나 산수를 가르쳐주었다. 나는 배움의 기쁨에 가슴이 벅차서 큰 소리로 울면서 아버지를 따라 했다. 그러다가 초등학교 3학년으로 학교에 들어갔는데, 공부를 열심히 하고 나이가 많아서 4학년이 아니라 5학년으로 진급했다.

지금도 새로운 것을 배울 기회가 있으면 희망의 신세계라도 접하는 것처럼 가슴이 뛴다. 얼마 전 나가르주나의 『열반』, 플라톤의 『법률』, 스피노자의 『정치학론』을 읽으면서, 그 내용을 대강 짐작하면서도 평생 가보지 못한 신천지를 탐험하는 기분에 사로잡혀 있었다.

배움은 끝이 없다. 지금까지 살아오면서 직간접적으로 만날 수 있었던 모든 사람들이 나의 스승이다. 오랫 동안 제자들을 가르쳐 왔지만, 오히려 그들에게서 너무 많은 것을 배웠다. 그들은 아무 말도 하지 않지만 눈으로 나에게 허다한 것을 가르쳐주었다. 사실 많은 것을 배우면서도 뻔뻔하게 풍족한 월급을 받고 산 것이 미안하게 느껴질 때가 있다.

무수히 많은 스승 중에도 영혼 속에 늘 자리하고 있는 두 분의 스승이 정석해 선생과 베를링거 선생이다. 정석해 선생에게 나는 10년간 개인적으로 가르침을 받았고, 독일에 유학 가서는 베를링거 선생에게 6년간 가르침을 받았다. 정석해 선생은 할아버지가 손자를 이끌어주듯 20여 년간 독일과 프랑스를 오가면서 배우고 체험한 모든 것을 나에게 전하려 했고, 실로 느림과 여유의 삶을 표현하려 애썼다.

1920년대에 정석해 선생이 독일로 유학을 떠나게 된 동기를 묻자, 어느 날 작심하신 듯 입을 열었다.

"일본인들의 학정이 점점 심해지면서, 독립단체들은 비밀리에 일본군 고위 지도자 암살이라든지 무기 탈취 등에 관해 의논하기로 했네. 나는 당시 의협심이 강한 청년으로, 우연한 기회에 독립단체의 연락책이 되었다네. 그래서 비밀회의 소집을 전달하기도 하고 중요한 편지나 무기도 전달했어. 그런데 일본 경찰의 수배 대상이 되었지 뭔가?

1920년대 초반에 유럽은 제1차 세계대전에서 완전히 복구되지 않아서 경제적으로 어려웠어. 특히·독일과 프랑스는 전쟁으로 많이 파괴되었지. 마침 어떤 선배가 상하이에서 중국 노동자 신분으로 배를 타고 유럽으로 가서 전쟁 피해 복구 작업에 참여할 수 있도록 길을 마련해 주었다네. 프랑스에서 철망 제거 작업 등을 하다가 우여곡절 끝에 독일 뷔르츠부르크에 정착해서 대학에 입학했다네. 한때 셸링도 그곳에 있었고, 엑스레이를 발명한 렌트겐이 뷔르츠부르크 의대에 있었다네. 뷔르츠부르크 대학에서는 수학, 정치학, 철학 등을 공부할 수 있었지."

나는 정석해 선생에게 왜 여러 학문을 배우고도 20여 년간 독일과 프랑스의 대학에서 박사학위를 받지 못했는지 물었다.

"1920년대에 전쟁이 끝난 후 프랑스와 독일은 모두 가난했다네. 당시에 장학금이란 꿈도 꿀 수 없었지. 물론 그때도 소르본 대학이나 독일 대학에는 등록금이 없었어. 그런데 생활비가 문제였지. 그래서 여러 대학을 전전하며 등록과 휴학을 반복했어. 독일에서 아르바이트하면서 공부하다가 어려우면 프랑스 파리로 갔고 그곳에서 공부하면서 아르바이트하다가 힘들면 다시 독일로 왔고……. 그러니까 나는 수학이나 정치학이나 철학을 전공으로 공부했어. 세 가지를 한꺼번에 공부한 게 아니라, 독일에서 철학으로 박사논문을 준비하다가, 파리로 가게 되면 정치학으로 박사논문을 준비하고……. 그러다가 눈 깜짝할 사이에 20년 이상의 세월이 흘러 1945년에 드디어 제2차 세계대전이 끝난 거지.

전쟁이 끝나자 나는 우리나라도 해방되었으리라고 생각해서 배를 타고 부산항에 도착했는데, 그때가 아마 5월이었을 거야. 일본 헌병대에 체포되어 약 3개월간 부산의 감옥에 있다가 8·15 때 출감할 수 있었어."

결코 스스로 과거사를 입 밖에 꺼낸 일이 없었던 선생이었다. 내가 조르거나 몹시 궁금해할 경우 대체적으로 요약해서 말씀해 주곤 했다.

1970년대 중반, 어느 해의 11월 초였다. 낙엽 딩구는 무악재 언덕길을 산책하면서 나는 조만간 유학을 떠난다고 선생에게 조용히 보고했다.

"선생님께 배우기 시작한 것이 엊그제 같은데 벌써 햇수로 10년이 다 되었습니다. 그리고 보름 후면 선생님이 공부하신 뷔르츠부르크로 떠납니다."

"뷔르츠부르크로 결정했나? 잘했네. 중세 도시라서 조용하고 아름다운 데다가 시골이어서 물가도 싸다네. 그러니까 생활비도 얼마 들지 않을 거야. 가서 하고 싶은 공부 마음껏 하게나. 공부 이외의 다른 것은 생각하지 않고 오직 공부에만 전념하다 보면 얻는 게 있겠지. 나는 잡념이 많았어. 20여 년간 독일과 프랑스를 오가면서 공부하느라 수학, 정치학, 법학, 철학 등 너무 많이 펼쳐놓았고, 또 먹고살기가 어려워서 결국 어느 한 분야에서도 박사논문을 쓰지 못했지.

공부하는 데 있어서 나의 가장 나쁜 면이 무엇인지 아는가? 너무 많이 읽는 것이었네. 남의 책을 너무 많이 읽다 보니까 결국 나 자신의 생각이 모자라서 논문이나 책을 쓰지 못한 것 같네. 자네는 좀 덜 읽고 생각을 많이 하는 습관을 기르도록 하게나."

나는 독일 유학 후 귀국해서 제일 처음 정석해 선생님을 찾아뵈었지만, 치매 기운이 꽤 있어서 나를 보고도 알 듯 모를 듯한 표정을 지으셨다. 서글픈 마음으로 헤어진 후 가끔 소식을 들을 수 있었지만 더 이상 뵐 수는 없었다. 미국에 있는 장남과 함께 살다가 93세에 돌아가셨다는 소식을 들은 후, 나는 선생에게서 느림과 여유의 삶에 관해 배울 수 있었던 시간을 한시도 잊은 적이 없다.

내가 잊을 수 없는 또 한 분의 스승은 뷔르츠부르크대학의 루돌프 베를링거 교수다. 박사학위 문제에 대한 교수 면담을 차일피일 미루다가, 어느 날 철학연구소가 있는 중세식 궁전(레지덴츠)에 가서 굳게 닫힌 방의 벨을 눌렀다. 한참 있으려니 30대 초반의 웬 마른 금발 여자가 문을 열고는 무슨 일이냐고 물었다. 나는 약간 더듬거리면서 한국에서 철학 박사학위를 따러 왔는데 철학 교수가 있느냐고 물었다. 그러자 금발 여자 뒤에서 일흔이 좀 넘어 보이는 검은 안경 쓴 노인이 호기심이 가득한 눈초리로 나를 바라보더니 큰 소리로 웃으면서 내게 손짓했다.

"내가 철학 교수일세. 한국에서 왔다고? 일단 들어오게."

나는 독일에 도착하자마자 운 좋게 독일 학생만 생활하는 가톨릭 기숙사에 묵을 수 있어서 넉 달 만에 어학 시험도 통과했고 어느 정도는 알아듣고 말도 할 수 있었다. 나는 한국에서 박사 과정을 8년간 공부했고 시간강사도 6~7년 동안 했기 때문에 가능하면 빨리 박사논문을 끝내고 귀국해서 밥벌이를 해야 한다고 더듬거리면서 말했다. 노교수는 조용히 듣고는 호탕하게 웃었다.

"내게서 공부하고 박사학위를 받도록 하게나. 서양 철학만 10여 년 공부했으면 더 이상 뭘 더 공부하겠나? 다음 수요일 오전에 이리로 오게. 점심 먹으면서 자세히 이야기하세."

그 후 6년 동안 노교수는 나를 호되게 꾸짖기도 하고 국제학술대회에서 발표도 시켰다. 학위를 통과한 후 귀국을 얼마 앞두고 노교수 댁을 방문했다. 나를 한참 바라보던 노교수가 천천히 입을 열었다.

"여기 남아서 더 공부하고 일할 생각은 전혀 없는가?"

내가 꼭 귀국해야 한다고 했더니, 노교수는 백지수표를 꺼내 들고는 필요한 만큼 말하라는 것이었다. 나는 지금까지 은사님으로부터 배우고 받은 것도 계산할 수 없을 만큼 감사하다고 말했고, 노교수는 아무 말 없이 내 손을 꼭 잡아주었다. 나는 꽤 세월이 지나고 두 번 더 노교수를 만나서 회포를 풀 수 있었다. 베를링거 교수 역시 93세에 돌아가셨다.

나는 두 분의 스승을 한시도 잊은 적이 없다. 그런데 그분들을 떠올릴 때마다 배움의 기쁨과 허무함이 내 영혼을 감싸는 것은 도대체 무슨 이유 때문일까?

열셋,

무엇을 배우는가, 어떻게 배우는가, 왜 배우는가

교육은 '스스로 깨우침'이 없으면 한계에 부딪힌다. 지식을 산더미처럼 많이 배워도 스스로 깨우치지 못한다면, 교육의 한계를 가장 잘 보여주는 사람이 될 것이다. 오래전 중소기업을 운영하는 지인이 지나가는 소리로 한 이야기가 문득 떠오른다.

"일류 대학을 졸업한 똑똑한 젊은이들을 채용해서 일을 시켜보니까 많은 일은 재빨리 터득하고 잘 처리하는 장점이 있었어요. 그렇지만 회사를 위해서 절대로 명문 대학 출신을 뽑지 않기로 했어요. 장점은 분명히 있지만 지나치게 자기중심적이어서 협동이 잘 안 돼요.

물론 겉으로 나타내지는 않으려고 하지만, 은연중에 자신이 남들보다 낫다는 마음가짐이 보여요. 제일 큰 문제는 길어야 2년 정도 일하고는 미리 점찍어둔 대기업으로 훌쩍 옮기는 것이지요. 또 어떤 직원은 2년간 우리 회사의 생산품을 완벽하게 점검한 후 퇴직해서 작은 회사를 차려서는 우리 회사에서 만들던 것을 개량한 유사 제품을 생산했어요.

이제는 학벌에 연연하지 않고 사람을 선발해서 정성들여 교육시키고 한 가족처럼 믿으며 일하는 데 보람을 느끼고 있어요."

유치원부터 대학에 이르기까지 우리나라 교육의 가장 큰 문제는 '스스로 깨우침'을 도외시하고, 인격체 인간과 동떨어진 교육에 치우치고 있다는 사실이다. 이는 주체적 인간, 즉 인격 주체의 형성을 목적으로 삼지 않고 권력, 명예, 지위, 돈 등을 목적으로 하는 수단으로서의 교육을 하기 때문이다. 수도권이나 지방에 있는 사립대학을 속속들이 파헤쳐보면 제대로 된 인간 교육이 이루어질 수 있는지, 경영자의 정신 상태가 정상인지 의심스러울 정도다.

나는 독일 유학 이후로 매주 토요일 오전마다 철학 세미나 수업을 진행하고 있다. 아리스토텔레스, 안셀무스, 라이프니츠, 칸트, 후설, 하이데거, 벤야민, 아도르노 등의 원전을 읽었고 최근에는 푸코의 『성의 역사』를 읽고 있다. 세미나 참석 인원은 많을 때는 열댓 명이고 적을 때는 서너 명인데, 30여 년간 세미나를 지속할 수 있었던 것은 행운이었다.

그런데 세미나를 진행하면서 때때로 회의감에 사로잡히곤 했다. 라캉의 『에크리』 독해 세미나를 두세 학기 연속으로 진행했던 적이 있었다. 라캉의 정신분석학 사상은 프로이트를 기초로 하는 단순한 내용이지만, 프랑스어 문장을 읽는 것이 쉽지 않았다. 그런데 발표하는 학생만 밤새워 준비해서 열심히 발표하고, 다른 학생들은 전혀 예습 없이 와 있으니 세미나 시간에 내용을 설명하느라 너무 힘들었다.

칸트나 하이데거 세미나도 마찬가지였다. 독일에서 칸트에 관해 박사학위 논문을 쓰고 귀국해서 모 대학의 조교수가 된 사람이 참석했는데, 세미나에 자주 빠졌고 참석한다고 해도 예습하는 법이 없었다. 번번이 논문을 쓰고 강의 준비를 하느라고 읽을 시간이 없다고 했고, 방학 때 시간 내어 읽어보겠노라고 답했다. 일부러 망신을 주려고 읽고 해석하라고 하면, 그는 더듬거리다가 다음에 준비해서 잘하겠노라고 했다. 독일 유학 시절에도 생계를 위해 아르바이트를 놓을 수 없었고, 귀국해서 사립대학의 조교수가 되었지만 월급만으로는 먹고살기 힘들어서 과외로 강의를 하지 않으면 안되었으니 어느 정도·이해할 수는 있었다.

나는 석사 과정이나 박사 과정 학생들을 엄하게 꾸짖곤 했다. 물론 공부가 쉽지 않으니 힘내라고 격려하기도 했다. 그러나 교육에는 한계가 있음을 절실히 느꼈다. '스스로 깨우침'이 그 답임을 깨달은 것은 나이 60이 훨씬 넘은 후였다.

특히 우리나라에서 교육은 스스로 깨우침과 거리가 멀다는 데 문제가 있다. 물론 교육의 목적이 참다운 인간을 육성하는 것임은 누구나 잘 알고 있지만, 지금 당장 필요한 것부터 얻기 위해 교육한다.

'스스로 깨우침'과 교육이 불가분의 관계를 맺고 있어야 할 텐데 현실 생활에서는 왜 전혀 관계가 없는지에 관해 곰곰이 생각해 보곤 한다. 내가 학생들에게 입버릇처럼 하는 이야기가 있다. "왜 배우는가? 답은 간단하다. 배운 것을 잊기 위해 배우는 것이다. 배운 것을 모두 던져버리기 위해 배우는 것이다."

정부 부처의 장관, 기업체의 사장이나 회장, 대학교수 등 사회를 이끌어가는 엘리트들 중 많은 수가 일류 명문대 출신이고 외국에서 박사학위를 딴 사람들도 많다. 이들은 외모도 뛰어나고 말솜씨도 좋으며 전문 지식을 가지고 있다. 그런데 그들은 지식을 어디에 써먹는 것일까? 그들의 내면을 깊이 들여다보면 기득권, 특히 돈과 지위에 모든 것을 내걸고 악착같이 집착하는 욕망 말고는 느림과 여유의 삶을 찾아볼 수 없다. 물론 그렇지 않은 사람들도 있다. 집안 식구도 모르게 여러 해 동안 소년원이나 양로원에 기부하고 시간 날 때마다 찾아가서 봉사한 고위 관료의 이야기를 들으면 마음이 흐뭇해진다.

무엇을 배우는가, 어떻게 배우는가, 왜 배우는가? 이런 물음을 철두철미하게 던지면서 배움의 길에 들어설 때 비로소 교육의 한계를 무너뜨릴 수 있을 것이다.

열넷,

이론과 실천의 벽을 허물 수 있을까

우리는 일생 동안 학교나 직장에서 셀 수 없이 많은 사람들과 만 난다. 대개는 도토리 키 재기의 지식과 능력을 가지고 서로 자기 키가 크다고 다툰다. 그런데 간혹 이론에 매우 뛰어난 사람이 있 는가 하면, 이론은 별 볼 일 없는데 실천 능력이 탁월한 사람이 있 다. 고려청자나 조선백자를 볼 때마다 도공의 실천 능력에 감탄하 게 된다. 그들은 어려서부터 허드렛일을 도맡아 하면서 수없이 많 은 시행착오를 거쳐 찬란한 청자를 만들어냈을 것이다. 청자나 백 자의 설계도가 없는 이유는 설계도가 있으면 이론적 형식에만 치 우칠 염려가 있기 때문이다. 그래서 일부러 설계도를 금지하고 끊임없는 실천으로 단련한 것으로 보인다.

서양 의학과 한의학의 차이도 이론과 실천의 차이인 듯하다. 서양 학문은 처음부터 수학과 논리학을 바탕으로 삼아서 그런지, 서양 의학도 기초 의학(해부학, 신경생리학, 병리학, 조직학 등)을 근거로 하여 질병의 원인과 결과를 이론적으로 밝히면서 치료 방법을 제시하려 한다. 그러나 한의학은 처음부터 종합적인 입장에서 자연적인 생약으로 신체의 조화를 추구함으로써 질병을 치료하려 한다. 그래서 얼마만큼 많은 환자를 대했고 약재를 다루었는가에 따라 치료 효과가 결정되기도 한다.

최근 서양 의학은 치료 통계학과 최첨단 디지털기기에 질병의 진단과 치료를 의존하기 때문에 의사가 환자의 질병 상태를 세밀히 살피지 못하고 오진하는 경우가 꽤 많다고 한다. 물론 의학이 전문 분야가 아니므로, 결정적인 견해를 제시할 수는 없다. 그러나 서양 의학과 한의학 모두 인간의 질병 치료라는 같은 목적을 가지고 있으므로 탁월한 점을 서로 보충한다면 질병 치료의 시너지 효과가 상당할 것 같다.

이론과 실천의 합일은 학교 교육뿐 아니라 공장, 기업, 서비스업, 관청, 연구 기관, 법원 등 사회 전반에 반드시 필요하다. 실천이 따르지 않는 이론은 공허하고, 이론을 결여한 실천은 맹목적이기 때문이다. 예컨대 대통령이 통치 이론을 도외시하고 실천에만 매달리다 보면 독재하기 쉽고, 반대로 정치적 실천은 게을리 하고 말만 앞선다면 다른 국가와의 경쟁에서 뒤처질 수밖에 없다.

이론과 실천이 하나가 되어야 한다는 지행합일(知行合一)을 주장한 대표적인 인물이 16세기 초 명나라 왕양명(王陽明)이다. 왕양명은 마음이 천리(天理)를 직접 깨닫는 것을 양지(良知)라 했고, 양지를 실천하는 것을 양능(良能)이라고 했다.

12세기 남송(南宋)의 주자(朱子)는 마음의 본체를 성(性)이라 하고 그 작용을 정(情)이라 했고, 성은 천성(天性)으로 순수하고 정은 인정(人情)으로서 동적이고 개별적이라고 했다. 그리하여 주자는 성즉리(性卽理), 즉 천성은 우주 만물의 보편적 원리라고 주장했다. 그런데 남송(南宋)의 육상산(陸象山)은 성이란 천성과 인정이 구분되지 않은 일체이고 동(動)과 정(靜)을 하나로 지닌 것이 리(理)이므로 심즉리(心卽理)라고 했다. 왕양명은 이 중 육상산의 심즉리를 계승했다. 왕양명은 하나인 마음(성과 정)의 본질을 직접 아는 능력, 곧 양지가 무엇보다도 중요하고 양지를 실천하는 양능은 양지와 하나가 되어야 한다고 주장했다.

『니코마코스 윤리학』에서 아리스토텔레스는 실천적인 중용의 덕이 무엇보다도 중요하지만, 그것보다도 더 중요한 것은 이론적인 덕이라고 했다. 아리스토텔레스 역시 왕양명처럼 양지, 양능의 입장에서 지행합일을 주장했다고 할 수 있다.

그런데 이론과 실천이 하나가 되지 못하고 어긋나서 현실의 삶이 어렵고 고통스러운 경우를 많이 보게 된다. 또한 이론이 이론답지 못하기 때문에 사회적 실천이 엉망진창인 경우도 많다. 장관 후보자의 청문회에서, 군대 장교로 복무하면서 석사, 박사를 마치고 제대한 후 대학교수로 있었다는 사람이 후보자로 등장했다. 재산도 몇 년 사이에 많이 늘었다. 물론 능력이 탁월해서 군 복무도 잘하고 논문도 마쳤겠지만, 학위나 논문을 열심히 했다고 보기는 힘들다. 이런 사람이 장관이 되어 정의의 사도가 된다는 것은 빈말에 그치기 쉽다.

얼마 전에 집수리를 해야겠다고 작정하고 작은 업체에 수리를 의뢰했다. 많은 짐들을 정리정돈해야 되고 경비도 만만치 않게 들기에 여기저기 땜질해 가면서 웬만하면 버티려고 했지만 더 이상 견딜 수 없었다. 할 수 없이 몇 군데 수소문하다가 업체를 결정했다. 그리고 보름간 강원도 산골 진부에 있는 농가에 가서 보내고 돌아왔다.

돈푼깨나 들여서 그런지 몰라볼 정도로 새집이 되어 있었다. 그런데 먼지를 털고 닦으면서 정리하다 보니 집수리 하자가 조금씩 눈에 띄었다. 그래서 하자가 보일 때마다 보수를 부탁했다. 업체 사장은 작은 키에 땅땅하고 눈이 초롱초롱한 것이 한눈에 보아도 재주꾼이었다. 그런가 하면 사장의 조카인 실장은 보통 키에 말없이 일에만 몰두하는 사람이었다. 사장은 일을 시작할 때부터 끝날 때까지 쉬지 않고 떠들어댔다. 그런데 함께 일하는 실장은 사장이 시키는 대로 묵묵히 황소처럼 일에만 몰두했다.

어떤 때는 실장 혼자 와서 보수하고 가는 일도 있었다. 도배에 흠이 조금 난 곳이 있어서 손봐달라고 했더니 실장이 왔기에 왜 새 도배에 흠자국이 있느냐고 물으니까 씩 웃으며 "사람의 일이니 그럴 수도 있지요"라고만 말했다. 보수가 끝나면 실장은 꾸벅 인사하면서 "또 고칠 곳이 있으면 언제든 연락 주세요"라고 선한 눈으로 쳐다보면서 말하곤 돌아갔다.

이론과 실천에 관한 좋은 예로는 고려시대 고승인 의천(義天)과 지눌(知訥)의 선(禪)과 교(敎)를 들 수 있다. 선이란 참선으로, 가부좌를 틀고 앉아서 무념무상의 경지에 이르러 깨달음을 얻는 것이다. 이를 선종(禪宗)이라고 부른다. 우리나라의 조계종은 선종 불교를 지향한다. 한편 고려시대에는 불경 공부는 하지 않고 참선에만 치우치는 불교를 반박하면서 불경과 주석서, 해설서 등 이론적인 것을 가르치고 배우는 교종(敎宗)이 깨우침에 훨씬 도움이 된다는 주장도 강하게 대두했다.

지인 중에 이론과 실천의 합일이 중요함을 깨닫게 해준 사람이 있다. 박 교수는 고등학교 교감으로 재직하고 있었는데, 6·25사변이 끝나고 어느 명문 사립대에 동양철학 교수로 채용되었다. 그런데 세월이 흐르고 정교수가 되어도 동양철학을 두루 꿰뚫지 못하고 고학년과 대학원 강의에서는 버벅대기 일쑤였다. 학생들이 불만스러워하자, 박 교수는 강의 이외에는 두문불출하며 꼬박 5년간 공부했다. 5년이 지나자 박 교수는 명강의로 이름을 떨치게 되었다. 한번 입을 열면 맹자, 주자, 퇴계의 원전을 줄줄이 외웠다. 또 중요한 사상에 대한 구절도 일목요연하게 정리했다.

"5년 면벽(面壁)하고 책만 읽은 결과, 일이관지(一以貫之)했다"는 박 교수에게 "자신만의 고유한 사상이나 철학은 무엇입니까?"라고 물었더니, 그는 껄껄 웃으면서 답했다. "이 정도 암기하고 기억하면 그만이지, 내 사상이 무슨 필요가 있겠는가?"

송 교수 역시 선보다는 이론적인 교의 대가다. 그는 대학시절 어떤 서당의 장학생이 되어 만 2년간 사서오경을 비롯해서 상당수의 유학 서적을 암기하는 데 전념한 적이 있었다. 또 대학생 때 불교 학생회장을 지낸 덕에 불교 경전 몇 가지도 달달 외웠다. 그리고 교수가 된 후 전국의 여러 사찰에서 자주 강연을 하고 비교적 고액의 강연료를 받았다.

송 교수는 맹자를 몇 구절 달달 외우면 맹자야말로 최고라고 했고, 또 어떤 때는 『금강경』을 몇 구절 외우고는 금강경이야말로 최고라고 극찬했다. 어떤 때는 퇴계나 다산의 책 중에서 몇 구절을 외우고는 퇴계나 다산이야말로 최고라고 했다. 언젠가 나는 그에게 일부러 짓궂은 질문을 던졌다. "송 교수, 『바가바드기타』나 『우파니샤드』의 몇 구절을 좀 달달 외어봐! 레퍼토리가 항상 정해져 있잖아? 퇴계나 다산 정약용의 글도 다양한데, 왜 밤낮 똑같은 구절만 써먹는 거야? 한 번 듣는 사람은 모르지만 나 같은 사람은 똑같은 구절들을 20여 년간 들어오니 상당히 지루해." 그러자 송 교수는 거침없이 답했다. "요새 좀 바빠서 새 레퍼토리를 준비할 시간이 없었어요. 여기저기서 너무 많이 강연 요청이 들어와서 재충전할 시간이 없었네요. 다음에 틈나면 꼭 새 레퍼토리를 마련하겠습니다."

고려시대 의천과 지눌에 의하면, 선만 하고 교를 돌보지 않는 사람은 잠만 자기 쉽다. 그러나 선을 무시하고 교에만 치우치는 사람은 혀만 발달하기 쉽다. 그러므로 개인의 삶에서는 물론이고 사회적 삶에서도 이론과 실천의 합일은 공정하고 정의로운 삶을 가능하게 해주는 주춧돌이 된다.

열다섯,

망각은 우리에게 무엇을 가져다주는가

요즘 들어 치매만큼 무서운 병도 없다는 생각이 머릿속에서 떠나질 않는다. 정신의학에 관한 책을 들추면서, 동료들과의 대화에서, 신문이나 텔레비전을 통해 뇌졸중이나 치매에 관해 대강 들어서 알고 있지만 직접 체험하면 사정은 전혀 다르다. 치매의 원인은 정신의학적으로 밝혀진 것만 해도 70여 가지나 되고, 종류도 매우 다양하다고 한다. 노인성 치매(알츠하이머 치매), 동맥경화성 치매, 매독성 치매, 간질성 치매 등은 잘 알려진 것인데, 치매 환자 중 과반수 이상이 노인성 치매를 앓고 있다. 내가 아는 어떤 할머니는 수많은 질병 중에 치매를 가장 무서운 병으로 알고 가끔 푸념을 늘어놓았다.

"통장을 여러 개 만들어서 짠돌이 노릇을 하고, 가계부 정리를 꼼꼼히 하는 데는 이유가 있어요. 정신줄을 놓지 않기 위해서는 매사를 꼼꼼하게 따질 필요가 있거든. 요새 요양원에 가봐. 끔찍해. 나도 내 나이를 생각해 보면 깜짝 놀라. 버스나 전철에서 누가 할머니라고 부르면 아직도 낯설어. 벌써 여든 살이라는 것이 믿어지지 않아.

치매는 무섭지만, 그래도 망각은 삶의 여유를 가져다주지. 대부분의 시간에 나는 나이를 잊고 살아. 가끔 여기저기 쑤시면 늙어서 그렇다고 한숨을 내쉬지만.

그러고 보면 망각과 기억은 동전의 양면과도 같아. 망각은 고통과 허무의 심연을 잊게 해주지만, 치매처럼 저주받은 망각도 있으니까. 그래서 치매 환자는 되지 않으려고 최선을 다하지. 젊은 사람 눈에는 요양원 간판이 눈에 잘 띄지 않겠지만, 나이 먹고 장례식장과 화장터에 발길을 디딜 만큼 디딘 사람들 눈에는 적지 않게 보여.

고모가 5년간 치매를 앓다가 가셨고, 얼마 전 바로 위 언니가 치매로 요양원에 2년간 누워 있다가 저세상으로 갔어. 치매 환자의 눈을 바라보면 섬뜩한 느낌이 들어. 이미 죽음을 예견하고 있는 것처럼 초점이 전혀 없거든.

어떻게 보면 치매 환자가 더 행복한지도 몰라. 세상의 번민과 고뇌를 모르고, 고통을 자각하지 못하잖아? 돌보는 사람은 괴롭지만 정작 자기 자신은 고통과 담쌓고 살잖아. 그렇지만 치매 환자의 삶을 바람직하다고 할 순 없지. 짐 노릇 하다가 세상을 떠나야 하는 불행한 삶이거든. 이렇게 노력해도 고모나 언니처럼 치매 환자가 되지 않는다는 보장도 없지만."

그와 달리, 일상생활에서 자주 체험하는 건망증은 질병이 아니며 오히려 긍정적인 측면도 있다.

프로이트는 『정신분석학입문』에서 실수를 망각의 일종으로 본다. 평소에는 적절한 단어를 선택해서 유창하게 말하다가도 어떤 때는 특정한 단어를 기억하지 못해 쩔쩔 매는 이유에는 세 가지가 있다고 한다. 첫째, 기분이 별로 좋지 않거나 피곤할 때 평상시 잘 알던 말도 엉뚱한 말로 대치한다. 둘째, 흥분하면 말을 기억하지 못하거나 엉뚱한 말을 하고 나중에 스스로 왜 그랬는지 당황해한다. 셋째, 말하려던 것보다 다른 것에 신경을 쓸 경우 말이 엉뚱하게 표현되는 경향이 있다.

실수가 생기는 상황을 잘 살펴보면 실수는 어떤 의미를 가지고 있다. 프로이트는 이를 의도 내지 경향이라고 했다. 당시 프랑스 대통령의 이름은 푸앵카레(Poincaré)였는데, 사람들은 그를 돼지카레(Schweincaré)라고 잘못 부르곤 했다. 이런 실수에는 대통령을 부끄럽게 여긴 사람들이 일부러 수치스러운 이름으로 부르려는 의도가 있었던 것이다.

프로이트에 의하면 평상시 잘 알고 있던 이름을 잊어버리는 망각도 실수에 속한다. 실수(망각)에는 항상 원래 의도와 이에 대립하는 의도가 있다. 『프로이트 정신분석학 이야기』에서 제시한 두 가지 예를 살펴보자.

Y씨가 어떤 여인을 짝사랑했다. 이 여인은 Y씨와 잘 아는 X씨와 결혼하여 행복하게 살고 있었다. Y씨는 X씨와 사업상 오래 알아왔고 사업 관계를 끊을 수 없었다. 그런데 Y씨는 X씨에게 연락할 일이 있을 때면 언제나 X씨의 이름이 생각나지 않았다. Y씨는 행복한 X씨에 관해 아무것도 알고 싶지 않았다. "X를 생각해서는 안 되는 거야. 그는 내 사랑을 빼앗아간 남자야!"라고 마음속으로 외치고 있었던 것이다.

또 다른 예로, 어떤 부인이 어느 파티에 함께 온 여자 친구를 의사에게 소개하면서 여자 친구의 소녀 때 이름을 부른다. 여자 친구가 결혼 후 새로 가진 남편의 성을 잊어버렸기 때문이다. 부인은 여자 친구의 결혼에 매우 불만이 많았는데, 그 남편이 전혀 마음에 들지 않았기 때문이었다.

이렇듯, 원래 의도는 방해받은 의도이고 대립된 의도는 방해하는 의도다. 나는 만년필이나 볼펜, 우산을 자주 잃어버리는데, 평소에 아끼던 것을 버스나 지하철에 놓고 내린 후 후회한다. 프로이트는 이런 실수를 '자발적 봉헌'이라고 했다. "실수는 정신적 활동이며, 두 가지 의도의 간섭에 의해 생긴다"는 것이다.

왜 소중한 만년필을 놓고 내렸는지, 당시 나의 무의식 중 어떤 것이 만년필보다 훨씬 중요해서 만년필을 하찮게 여기도록 했는지 곰곰이 따져보았다. 분명히 어떤 무의식이 몽블랑을 무시하도록 했을 것이다. "만년필은 비싸고 귀하긴 해도 너에겐 지금 그것보다 훨씬 가치 있고 중요한 일이 있어. 그러니까 만년필 같은 것은 잊어버리는 것이 좋아." 내 무의식은 나에게 이렇게 속삭이지 않았을까.

열여섯,

잊고 버리기 위해 배운다고 말해도 되는가

나는 평소에 좋아하거나 일부러 시간을 내어 접하는 사상가들이 그다지 많지 않다. 필요에 따라 다독하는 편이어서 특히 누구를 좋아하느냐고 묻는다면 망설이게 된다. 대개 책을 읽을 때는 저자보다 내용에 집중할 때가 많아서 특정한 인물에게 관심을 기울이지 않는다. 그래도 항상 관심을 놓지 않는 인물이 있는데, 비트겐슈타인, 스피노자, 나가르주나다.

나가르주나는 남인도의 브라만 가문 출신으로 연기설(緣起說)을 공의 입장에서 해설한 중관파(中觀派)의 시조다. 저서로 『중론송(中論頌)』, 『회쟁론(廻諍論)』, 『대지도론(大智度論)』, 『십주비바사론(十住毘婆沙論)』 등이 있는데, 브라마니즘을 이론적 배경으로 하여 소승불교를 분석하고 비판함으로써 대승불교의 사상을 체계화했다.

브라만교는 아트만과 브라만의 합일, 곧 범아일여(梵我一如)를 참다운 실체로 여긴다. 소승불교는 개인이 일체개고를 깨우치는 것이 불교의 목적이라 하고, 대승불교는 다 함께 일체개고를 깨달아서 고통으로부터 해방되어야 한다고 주장한다. 그러나 나가르주나는 깨우침은 헛된 것, 곧 공이며 허에 지나지 않는다는 중관론을 내세웠다. 나가르주나의 사상에 관해서는 나중에 좀 더 상세히 설명하려 한다.

스피노자는 17세기 근대 합리론 철학자로 수학, 광학 등을 기초로 앎, 존재, 윤리에 관한 문제에 깊은 관심을 보였으며 종교철학, 정치철학에도 탁월한 업적을 남겼다. 그는 유대 공동체에서 축출되어 안경알을 갈아 생계를 유지하면서 연구에 전념하다가 폐결핵에 걸려 젊은 나이에 세상을 떠났다. 스피노자에 관심을 가지는 것은 실천적 삶의 태도 때문이다.

스피노자의 아버지는 무역 상인으로 죽을 때 많은 재산을 남겼는데, 스피노자의 어머니와 누이동생이 스피노자 모르게 유산을 차지했고 이 사실을 뒤늦게 안 스피노자가 소송을 걸어서 이겼다. 그러나 "유산 상속 소송을 제기한 것은 돈이 목적이 아니었다. 정의가 무엇인지 세상에 알리고 싶었다. 나는 안경알을 가는 기술이 있으니 먹고사는 데는 지장이 없다. 그러니 이 돈은 당신들의 것이다"라고 말하고 고스란히 돌려주었다.

스피노자는 이미 20대 초반부터 자연주의 신학의 입장에서 유대 신학과 아울러 가톨릭신학을 비판했고, 또한 『구약성서』와 『신약성서』의 정당성을 공공연히 부정하여 24세에 암스테르담을 떠나야 했다. 청년기에 아버지를 잃었고, 또 자신의 의지에 의해 어머니와 누이동생을 떠나 고독한 삶을 택했다.

스피노자와 대비되는 철학자가 쇼펜하우어인데, 철학 교수가 되려고 애썼으나 강사만 하다가 집어치우고 부친의 유산으로 유복한 생활을 하면서 자신의 사상을 발달시켰다. 당시 베를린 대학의 거장인 헤겔의 강의에는 학생뿐만 아니라 교수와 일반 시민까지 몰려서 강의실 2, 3개를 터놓아야 했다. 쇼펜하우어는 시간강사로 강의하면서 헤겔의 바로 옆 강의실을 택해서 강의하기로 결심했다. 사람들이 헤겔의 절대정신의 철학보다는 자신의 삶의 철학에 더 관심을 가지고 인산인해로 몰릴 것이라고 기대했지만, 첫 강의에 참석한 학생은 고작 세 명이었다.

쇼펜하우어의 부친은 해외 무역으로 많은 돈을 모았다. 아버지가 죽자 어머니와 누이동생을 상대로 유산 상속 소송을 벌였고 승소해서 아버지의 전 재산을 상속받아 여생을 여유 있게 보냈다. 나이가 들어서야 삶의 철학이 전 유럽에 알려졌고, 자신의 철학이야말로 헤겔 철학보다 뛰어나다는 자부심을 가질 수 있었다.

쇼펜하우어처럼 대학교수가 꿈이었지만 자유사상가로 이름을 떨친 인물로는 포이어바흐, 마르크스, 프로이트, 라캉 등이 있다. 포이어바흐는 시간강사가 되었지만 교수는 되지 못하고 부유한 처가의 그늘에서 저술 활동을 했다. 마르크스와 프로이트는 게르만 사회에서 교수가 되기를 꿈꾸었지만 유대인이라 불가능했다.

라캉은 워낙 뛰어난 인물이라 교수 채용 시험관으로 참석한 교수들이 라캉을 시기하여 일부러 낙방시켰다고들 하지만, 그가 과연 윤리적 인품을 갖추었는지는 의문이다. 라캉의 『에크리』를 읽어보면 문체가 현란하고 번득이는 정신을 반영하지만, 소박하고 정직한 인간을 비웃는다. 20대에 라캉은 원조를 해주는 여인과 성적 쾌락을 함께 나눌 젊은 여인을 따로 두었다. 바타이유 부인과 동거할 때, 길거리에서 나이 어린 자식들과 눈이 마주쳤지만 모른 척하고 길을 갔다는 일화도 있다. 그는 나이가 들수록 사치스러운 생활에 젖어들었고 상담료를 매우 비싸게 받았다. 느림과 여유를 모르고 남들의 정신을 가지고 사치를 누린 셈이다.

비트겐슈타인은 일종의 기인이다. 그는 『논리철학논고』의 마지막 부분에서 절규하다시피 자신의 생각을 표현한다. "내 글을 샅샅이 읽고 그 글을 뛰어넘은 사람이 있다면, 그는 나를 이해하고 내 글이 무의미하다는 것을 알 것이다. 말하자면 사다리를 올라간 사람은 이를 버리지 않으면 안 된다. 그는 내 글을 극복하지 않으면 안 된다. 내 글을 극복한다면 그는 세계를 옳게 볼 것이다. 말할 수 없는 것에 관해 사람들은 침묵하지 않으면 안 된다."

나는 원문과는 조금 다르게 표현했다. 비트겐슈타인의 말은 한편으로는 너무 난해하고, 한편으로는 즉시 고개를 끄덕일 수도 있다. 일단 사과 맛을 보았으면 사과를 버리고, 배를 먹어보았으면 배를 버리고, 자두, 망고, 감, 대추, …… 이렇게 하다 보면 "아하! 과일의 맛이란 이런 것이고 또 과일이 채소와 다른 것이 바로 이거로구나!"라는 깨달음에 도달할 수 있을 것이다. 실제로 먹어보지도 않은 과일에 대해서 이러쿵저러쿵하는 것은 헛소리에 지나지 않을 것이다.

비트겐슈타인은 느림과 여유의 삶을 알고 있었다. 그리고 느림을 즐기면서 배운 것을 버릴 줄 알았다. 그러나 배우고 버린 것을 잊지 못했다. 그는 스스로 배우고 얼마 안 가서 버렸지만, 버린 것을 잊지 않고 버린 것보다 훨씬 참다운 것을 찾으려고 발버둥쳤다.

스포츠를 생각해 보자. 야구나 축구는 일종의 놀이다. 야구는 야구대로 축구는 축구대로 일정한 규칙이 있다. 우리들의 일상생활에서 사용하는 말도 일정한 규칙이 있어서 소위 '언어놀이'에서 사용되는 규칙에 따라서 단어의 뜻이 정해진다는 것이다. 예컨대 아홉 명의 사람이 글로브와 헬멧과 공 그리고 방망이를 가지고 이렇게 저렇게 경기를 진행하면 그 스포츠를 우리들은 야구라고 한다. 단어도 언어놀이에 규칙에 따라서 일정한 의미를 가지게 된다는 것이 비트겐슈타인의 후기 사용의 핵심이다.

비트겐슈타인은 5남 3녀 중 막내로 태어났다. 할아버지는 유대인이었지만 기독교로 개종했고, 독일의 작센 지방에서 모직물상을 하다가 비엔나로 이주했다. 아버지는 강한 의지의 소유자로 고전 교육에 반항하여 17세에 미국으로 가서 2년간 새로운 문물을 체험하고 돌아왔다. 그리고 철강에 관심을 가지고 철강 회사의 매니저로 출발하여 10년 안에 커다란 철강 회사의 대표가 되었다. 그는 얼마 안 가서 오스트리아의 철강 회사들을 연합하고 대표 자리에 앉았으며 엄청난 부를 축적했다.

그 덕분에 비트겐슈타인은 유복한 집안에서 태어나 가정교사에게 교육받았고, 기계에 관심이 많아서 재봉틀을 설계하기까지 했다. 오스트리아에서 수학과 자연과학을 3년간 공부하고 베를린의 샤를로텐부르크에 있는 공과대학에서 2년간 기계공학을 공부했다. 영국 맨체스터 공대에서 연구학생으로 3년간 항공공학을 공부했으며, 제트엔진과 프로펠러를 설계하기도 했다. 그러면서 순수 수학과 함께 수학의 철학적 기초에 관심을 기울이기 시작했다. 우연히 러셀의 『수학원리』를 접하고 러셀 밑에서 논리학을 공부하기로 결심하고 공학을 버렸다. 삶의 여유는 인간의 위대한 업적을 탄생하게 해주는 모체가 되기도 한다. 비트겐슈타인은 마음의 여유가 있었기 때문에 과감히 공학을 버리고 논리학을 택할 수 있었다.

케임브리지 대학에서 비트겐슈타인의 가장 절친한 친구는 데이비드 핀센트였다. 케임브리지 대학에서 비트겐슈타인은 러셀 밑에서 논리학을 연구하면서 음악 박자에 대한 심리학 실험에 몰두하기도 했다. 비트겐슈타인은 음악 가족에서 자라났으므로 휘파람을 잘 불었고 클라리넷 연주도 능숙했다. 그는 친구 핀센트와 함께 슈베르트 가곡 40곡을 자주 연주했는데 핀센트가 피아노를 치면 그는 휘파람을 불었다.

그는 1912년부터 본격적으로 철학서를 읽었지만 곧 무의미하다고 느끼고 불평을 털어놓았다. "아무것도 몰랐을 때는 위대한 철학자들에 관한 이야기를 조금만 듣고도 그들을 존경했는데, 직접 읽어보았더니 하나같이 멍청하지 뭐야. 그들은 솔직하지도, 그렇다고 정직하지도 않고 구역질나는 오류만 만들어내는 사람들이야."

비트겐슈타인은 사람들과 잘 친해지지 못했고, 매우 감정적이었다. 학문은 수학, 공학, 논리학을 선호했지만, 예민한 성격 탓에 쉽게 격해지고 우울증 환자처럼 자살의 두려움에 사로잡히기도 했다. 비트겐슈타인은 혼자 논리학 연구에 몰두하기 위해 1913년 말부터 1914년 제1차 세계대전이 일어나기 전까지 노르웨이의 해변 농장에서 지냈고, 나중에는 그곳에 오두막을 짓고 자주 그곳에 머물렀다.

전쟁이 일어나자 비트겐슈타인은 오스트리아군에 자원하여 포병부대에서 근무했다. 그는 전쟁이 끝날 때까지 배낭 속에 노트를 소중히 간직했는데, 그 안에는 그가 틈틈이 자신의 논리철학적 생각들을 기록한 메모가 들어 있었다. 나중에 메모들을 취사선택하여 『논리학 논고』로 출판했고 박사학위까지 받을 수 있었다. 전쟁이 끝나고 비트겐슈타인이 아직 이탈리아군의 포로수용소에 있을 때, 케인즈의 도움을 받아서 자신이 전쟁 중에 작성한 메모들을 러셀에게 보냈다. 비트겐슈타인은 자신이 전쟁 중 작성하고 취사선택해서 정리한 원고를 빨리 출판하고 싶었다. 그는 이 원고가 단어의 의미와 아울러 몇 가지 중요한 논리철학의 문제들을 해결했다고 믿었기 때문이다. 러셀은 『논리학 논고』를 읽고 비트겐슈타인의 재능을 알아보았다. 그래서 서론을 집필하여 비트겐슈타인에게 보냈으나, 비트겐슈타인은 "선생님의 서론은 제 사상을 제대로 이해하지 못한 부분이 많아서 원고와 함께 출판할 수는 없습니다"라는 답장을 보냈다.

1920년 7월, 비트겐슈타인은 러셀에게 혼자서는 원고를 책으로 출판할 수 없으니 러셀이 원하는 대로 서론을 덧붙여 원고를 출판해 주기를 청했다. 결국 1921년 빌헬름 오스발트 출판사의 〈철학연감〉 안에 『논리학 논고』가 독일어판으로 출판되었다. 이듬해에는 영어 번역판이 출판되었다. 『논리학 논고』는 비트겐슈타인이 전쟁 중(1914~1916년)에 기록한 메모들을 담은 노트들을 취사선택한 것으로, 많은 부분이 비트겐슈타인 자신에 의해서 폐기되었으나 세 권의 노트는 우연히 남았고 1961년 독일어-영어 번역판으로 출판되었다.

전쟁 포로수용소에서 풀려난 후 1919년, 비트겐슈타인은 더 이상 논리철학에 대한 관심을 가지지 않고 초등학교 교사가 되기 위해서 교사 양성 과정을 밟고 자격증을 취득했다. 1920년부터 그는 오스트리아의 시골 마을에서 9~10세 사이의 초등학생들을 가르치기 시작했다. 그는 동료 교사들과 친할 수 없어서 가끔 절망감에 빠졌고, 학생들을 격하게 윽박지를 때도 있었다. 그러다가 말을 듣지 않는 학생의 뺨을 한 차례 때려 고막이 파열되었고, 더 외진 시골 마을의 교사로 자리를 옮겨야만 했다. 이곳에서 비트겐슈타인은 루돌프 코더라는 교사와 짝이 맞아 한때 느림과 여유의 삶을 누릴 수 있었다. 비트겐슈타인은 1926년까지 교사로 재직했으며, 그사이에 초등학생용 사전을 만들기도 했다.

그후 교사직을 사직하고 수도원을 찾아갔지만, 곧 실망하고는 비엔나 근처에서 정원사의 조수로 잠시 일했다. 그는 누나의 집을 설계하고 건축하는 데 꼬박 2년을 바치기도 했다.

아버지가 세상을 떠난 후 상당액의 유산을 상속받았으나, 대부분을 시인과 예술가에게 기부했다. 원래부터 금전욕이 많지 않았고 부자라는 이유 때문에 사람들이 접근하고 존경하는 것을 탐탁지 않게 여겼기 때문이었다.

1929년, 비트겐슈타인은 케임브리지 대학에서 박사학위를 취득하고 강의할 수 있는 기회가 있다는 이야기를 들었다. 무어(G. E. Moore)와 러셀이 심사 교수로 참여한 구두시험을 통과하여 『논리학 논고』로 박사학위를 딸 수 있었다. 그는 케임브리지에서 강사 생활을 하다가 무어의 특별한 배려로 그가 은퇴한 후 정식으로 교수직을 맡았다. 그러나 제2차 세계대전이 벌어지자 비트겐슈타인은 구경꾼으로 대학에 남아 있을 수 없다고 생각하고 런던의 한 병원 문지기로 자원하여 1941년 11월부터 1943년 4월까지 일했다. 1944년 종전 후 케임브리지 대학으로 돌아온 그는 교수로서의 자신의 역할을 깊이 회의하게 되었다.

비트겐슈타인은 "내가 대학교수로서 강의하는 내용은 실은 아무 의미도 없는 전문용어나 지껄이는 것이 아니냐?"라고 중얼거리면서 약 3년간 버티다가 1947년에 드디어 대학교수직을 버리고 홀로 외롭게 살기를 원했다. 대학을 혐오하고, 대학교수들을 싫어했으며, 대학 생활에도 염증을 느꼈다. 비트겐슈타인은 진정한 느림과 여유의 삶을 누리면서 『철학적 탐구』의 집필을 끝내고 싶었다. 그는 암에 걸린 사실을 알고도 놀라지 않았다. 삶에 대한 미련이 없었기 때문이다. 그는 이미 자신의 삶마저 기꺼이 버리고 잊을 준비가 되어 있었다.

비트겐슈타인은 진정으로 많은 것을 잊고 버리기 위해 배운 사상가다. 그는 자신이 체험한 것을 다른 사람에게도 권하며 사람들에게 자신을 뛰어넘으라고 말했다.

그러나 뛰어넘을 것도 없고 버릴 것도 없지 않은가? 잊고 버리기 위해 새로운 것을 배운다지만, 헌 것과 새로운 것도 모두 욕망의 그림자에 지나지 않는다. 욕망이란 것도 원래 없는 것이라면 배울 것이 또 무엇이 있겠는가?

아니, 나는 그에게 오히려 다음처럼 말하고 싶다.

"여보게, 자네도 이상주의자로군! 기존의 가치를 멸시하고 새로운 가치를 추구하는 자네의 욕망 역시 시간이 지나면 조롱의 대상이 되어 기존의 가치들과 함께 굴러다니겠지. 허나 자네의 탐구 정신은 순수했네!"

열일곱,

자신의 삶을 어떻게 가꿀 것인가

최근 귀농하는 사람이 늘었다. 시끄럽고 복잡하고 여유 없고 공해와 오염으로 찌든 도시를 떠나 물 맑고 공기 좋은 시골에서 땀 흘리고 일하면 느림과 여유의 삶을 만끽할 수 있을 것 같다. 사실 나도 독일에서 귀국하기 전, 어떤 지방 대학의 이사장에게 "복잡한 서울이 싫어서 지방 대학에서 가르치고 싶은데요"라고 했더니 승낙해 주었다. 그러나 귀국하자마자 서울의 한 사립대에서 가르치게 되어 서울에 눌러앉는 바람에, 지금까지 느림과 여유의 삶은 구경도 못했다.

대도시에서 회사원 생활을 하면서 느림과 여유의 삶을 만끽한다는 것은 꿈같은 이야기다. 공무원이나 학교에 근무하는 직원, 교사, 교수 등은 축복받은 삶을 누리고 있다는 사실을 모른다. 학교의 직원이나 교사, 교수 등은 일정한 시간에 출퇴근하고, 공휴일뿐만 아니라 여름방학과 겨울방학에는 쉰다. 방학 기간에도 연구실에 매일 출근하여 밤늦게까지 연구실의 불을 밝히는 대학교수는 극히 드물다.

어떤 교수는 대학에서 36년간 재직하면서 논문을 겨우 서너 편 발표했는데도, 넉넉한 월급을 받고 연금도 두둑했다. 그는 여름방학에는 얼굴을 비치지 않다가 여름방학 끝날 때쯤 얼굴이 까맣게 타서 나타났다. 무엇을 하느라 탔느냐고 물었더니 수상스키를 즐겼다고 했다.

겨울방학이 끝나고도 새까만 얼굴로 나타났기에 무엇을 했느냐고 물었더니, 따뜻한 동남아시아에 가서 골프를 치고 강원도에서 스키를 탔다고 대답했다. 나는 방학 동안 책 한 권을 출간했는데, 그는 돈도 되지 않고 읽히지도 않는 철학 책을 쓰느라 애쓰느니 자신처럼 즐기고 여유 있게 살아야 한다며 웃었다.

그는 철학 교수였지만 수상스키와 스키로 몸과 마음을 단련하는 연구에 더 매진했고, 취미도 다양해서 느림과 여유를 마음껏 즐겼다. 항상 빠빠한 일정 속에서 책에 묻혀 지내다 보면 그가 문득 떠올라서 부럽기도 했다.

그가 정년을 며칠 앞두고 고별 강연을 했다.

"이제 나는 지금까지 살아온 시간보다 앞으로 살아갈 시간이 짧다는 것을 절실히 느낍니다. 그리고 시골 농부가 되어 밭갈이를 하겠다는 평생의 목적을 이루게 되었습니다. 이 대학에서 36년간 재직하면서 사람들이 제 흉을 보며 손가락질한 것은 잘 알고 있습니다. 솔직히 나는 능력이 모자랐습니다. 매 순간 노력했지만 그릇이 아니었고, 그렇게 노력하다가 포기하고 좌절하고 다시 노력하는 사이에 30여 년의 세월이 흐른 겁니다.

이 순간 나는 시원섭섭합니다. 형식적인 교육과 논문의 틀에서 벗어나서 내가 원하던 길을 갈 수 있어서요. 어떤 때는 할 말도 없는데 세 시간이나 떠들어야 하니 참으로 한심하고 답답했고, 어떤 때는 할 말은 너무 많은데 시간이 제한되어 있는 것이 속상했습니다.

나이를 먹어갈수록 이론적인 말보다 실천적 행동이 얼마나 중요한지 처절히 느꼈기 때문에 느림과 여유의 삶이 얼마나 중요한지 모두에게 알리려고 무척이나 애썼습니다. 내 학문이 부족하다고 손가락질하는 것은 잘못이 아닙니다. 그렇다고 해서 나의 삶 전체를 무가치하다고 평가하는 것은 참을 수 없습니다.

이제 본격적으로 시골 농부가 되어 밭갈이를 주업으로 삼을 것입니다. 머리를 굴리지 않고 몸으로 흘리는 실천의 땀을 보여주려고 합니다. 마음껏 느림과 여유의 삶을 즐기면서 살 것입니다. 시골 농부가 되어 무념무상의 상태에서 밭갈이를 하다가 틈이 나면 수상스키를 즐길 것이고, 함박눈이 내리면 스키의 짜릿함을 만끽할 것입니다."

나는 그의 말을 들으면서 마음을 쉽사리 가라앉히지 못했다. 많이 읽지 말라는 스승의 가르침을 잘 알면서도 습관적으로, 속속들이 알지 않으면 안 된다는 강박증 때문에 너무 많이 읽었고 지금도 지나치게 많이 읽는 버릇이 있다. 금년만 해도 『우파니샤드』, 『바가바드기타』, 스피노자 전집, 플라톤 전집 등을 시간 가는 줄 모르고 읽어댔고, 사전을 들추면서 오른팔이 마비되기도 했다. 그런데 이미 두서너 번씩 읽은 책인데도 예전에 읽은 기억이 너무 희미했다.

"잊고 버리기 위해 배우라고 말하는 것은 나 자신이 배운 것을 어느 누구보다도 쉽사리 잊고 버리기 때문일까? 분명히 읽을 때는 그 내용을 이해하지만 얼마 지나지 않으면 망각하고 버리기까지 하지. 그렇다면 이미 쓸모없고 무의미하다는 것을 알고 있기 때문에 읽고 배우고는 송두리째 잊고 버리는 것일까? 그보다는 읽고 배우는 것이 습관이 되어버린 만큼, 잊고 버리는 것 역시 습관이 되어버린 게 아닐까."

나는 그 교수가 왜 공부를 하지 않았는지, 책 읽기나 논문 쓰기에 혐오감을 느꼈는지, 정년퇴직을 시원섭섭해했는지 이해할 수 있었다.

인간은 누구나 자신의 삶을 가꾸지 않으면 안 되는 운명을 타고 태어났다. 인간은 누구나 문화의 창조자이자 피조물이다. 삶의 문화를 창조하는 동시에 그 문화에 의해 창조된다. 인격적 주체를 포기한 인간은 더 이상 문화의 창조자일 수 없다.

열여덟,

전쟁은 만물의 아버지인가

살다 보면 이해할 수 없는 일이 한두 가지가 아니다. 우주 만물
의 시작과 끝은 무엇일까? 빅뱅에 의해 우주가 생겨났다면 그 원인
은 무엇일까? 인간의 사유에 한계가 있어서 철저하게 분석하고 따
져도 우주의 원인을 밝힐 수 없단 말인가?

생각할 수 있는 능력이 생기고부터 이해할 수 없는 점 하나가 인
간을 이성적 동물이라고 하면서도 전쟁은 피할 수 없는 사실이라
는 것이었다. 지금은 인간이 비이성적이기 때문에 전쟁이 불가피하
다는 것을 잘 알고 있지만 말이다.

인류 문화의 여러 요소 중에서 사랑을 강조하고 이론과 실천 면

에서 사랑을 말하고 행하는 것이 종교다. 세계대전 이후 20세기와 21세기에 걸쳐 이스라엘과 팔레스타인의 전쟁, 그리고 시리아, 이라크, 아프카니스탄 등의 내전이 가장 빈번하게 일어났다. 사람들이 수백, 수천 명씩 사망했다는 뉴스에 경악하지만, 그마저 익숙해지면 인간의 존엄성은 그저 단어로만 존재하는 것 같다.

이스라엘과 팔레스타인 간의 해묵은 전쟁의 원인은 실은 매우 복잡하다. 유대인은 3,000년 전 현재의 이스라엘 땅에서 쫓겨나서 세계 각지를 떠돌아다녔다. 유대인의 혈통과 문화를 보존시킨 바탕은 유대교였다. 유대인들의 주장에 의하면 그들은 신이 선택한 선민(選民)으로, 신은 다른 신을 섬기는 타민족을 물리치고 유대민족이 번성하게 만들 것이라 한다.

나는 1970년대 중반 독일로 유학 간 지 채 1년이 안 되어 뷔르츠부르크 대학의 외국인 학생회에서 관할하는 외국인 학생 여행에 참가한 일이 있었다. 2박 3일의 짧은 여정이었는데 외국인 남녀 학생이 20여 명 참석했고 여행 목적은 프랑스와 독일 국경 지역과 전쟁 장소 견학이었다. 우리는 독일 프라이부르크 근처의 슈바르츠발트('검은 삼림'이라는 뜻)와 프랑스 슈트라스부르 근처의 알자스 로렌 지방을 비교적 자세히 둘러보면서 대학 직원의 설명을 들었다. 독일의 목재와 프랑스의 포도주가 전쟁의 원인이 되어 약 300년간 독일과 프랑스의 전쟁이 끊이지 않고 이어졌다는 것이다.

때는 10월 후반이어서 산마다 단풍이 들어 장관이었다. 프랑스

포도주의 명산지 알자스 로렌 지방의 콜마에 호텔에 묵을 때 자유시간이 주어졌다. 나는 홀로 가을 시골길을 걸으면서 '포도주의 길'을 따라서 드문드문 자리 잡은 포도주 레스토랑에 들러 공짜 포도주를 한두 잔 홀짝홀짝 마셨다. 때마침 포도주 축제라서 새로 만든 금년의 포도주를 식당 밖에 내놓고 무료 시음을 권하고 있었다. 어떤 레스토랑에서는 일정 시간 손님들을 위해서 지하 포도주 저장고를 개방했다. 열서너 명의 손님들은 장난감 같은 궤도차를 타고 동굴에 저장된 갖가지 샴페인과 포도주를 천천히 구경하면서 감탄사를 그칠 줄 몰랐다. 길가의 레스토랑은 매우 작은 규모이지만, 일단 지하 동굴로 들어오면 동굴의 길이가 대체로 4킬로미터 정도 되었다. 독일 슈바르츠발트의 목재와 프랑스 알자스 로렌의 포도주가 전쟁의 원인이었다는 말을 실감하지 않을 수 없었다.

프랑스와 독일 근방의 역사적인 곳을 돌아보는 짧은 여행을 간적도 있었다. 그런데 방 동료가 "나와 같이 있는 동안에는 술도 마시지 말고 돼지고기도 먹지 말아!"라고 명령했다. "나는 신이 선택한 이스라엘인이야. 그러니까 내 말을 들어야 하는 거야!" 나는 싸워봤자 나만 손해라는 생각에 가능하면 방 동료를 피하려고 애썼다. 방 동료는 마주치기만 하면 신이 선택한 이스라엘인의 말을 반드시 들어야 한다고 억지를 부렸다. 건성으로 대답하면 다시 진지하게 말하라고 강요했다. 인간을 이토록 제멋대로 굴게 하는 원인이 종교라는 사실을 믿을 수가 없었다. 아니면 종교의 가면을 쓴,

자기 보존을 위한 이기적 관습이 자기 중심주의가 된 것은 아닌지 자문하지 않을 수 없었다. 끝까지 참지 않았더라면 몸싸움까지 일어났을 것이다.

나는 7, 8세 어린 나이에 6·25전쟁과 1·4후퇴를 직접 체험하였다. 지금 되돌아보면 기억이 가물가물하긴 해도 전쟁은 말 그대로 고통이었다. 비행기에서 기관창을 쏘아대면 땅에 박히는 모습이 눈에 선하다. 큰 비행기에서 줄줄이 폭탄을 투하하면 여기저기 산골과 평야에서 검은 연기가 피어오른다. 피란길에 폭탄 떨어진 곳을 지나다 보면 큰 연못처럼 땅이 깊이 파여 있었다. 전쟁이 끝나자 강서에 있는 고모님 댁으로 피란 갔던 우리 가족은 다시 평양 변두리 집으로 돌아가기로 하고 집을 향했다. 100리 넘는 길을 새벽부터 걸었지만 캄캄한 밤이 되어도 집에 도착하지 못했다. 1킬로미터 정도 걸어가면 "손 들엇!" 하는 커다란 고함 소리가 나고 국방군들이 검문 검색을 했기 때문이다.

집에 돌아온 다음 날 집 뒤 야산에 올라갔더니 주인 없는 동네 개들이 야산 여기저기를 뒤지며 다니고 있었다. 오랜 세월 지난 후 생각해 보니 시체들은 야산에 묻혀 있었고 동네 개들은 냄새 맡고 먹이를 찾아 헤매고 있었던 것이다. 전쟁이 비참하다느니, 절망적인 상태라느니 하는 말은 전혀 쓸모없는 말이다. 전쟁을 직접 체험한 사람의 입에서는 전쟁이 이렇고저렇고…… 하는 말이 쉽사리 나올 수 없다. 제2차 세계대전 중 4,500만 명에 달하는 사람이 죽었다는 이야기를 들었다. 말이 그렇지, 내가 그 전쟁에 직접 참여하고 체험했더라면 과연 어떤 말을 할 수 있었을까?

헤겔은 "전쟁은 필요악"이라고 했고, 고대 그리스의 우는 철학자로 알려진 헤라클레이토스는 "전쟁은 만물의 아버지"라고 말했다. 우주론적으로 전쟁을 갈등이나 모순으로 이해한다면 그런 표현이 그럴듯하고 멋있게 들리기도 하지만, 전쟁을 직접 체험하면 헤겔이나 헤라클레이토스의 말이 실제 전쟁과는 너무나도 거리가 먼, 지극히 추상적인 말에 지나지 않는 것으로 여겨진다.

전쟁을 겪지 않아도 군대에 입대해서 군 복무를 해본 사람은 다시 한 번 군대에 가라고 하면 질겁하며 도망칠 것이다. 일찍 기상하여 뛰고 걷고 총 쏘고 또다시 달리고 밥 먹고……. 군대에서 군인으로 지낸다는 것은 취생몽사 상태의 동물처럼 사는 셈이다. 물론 지휘관이 되어 명령하는 입장에 있는 군인은 좀 더 여유가 있지만, 전쟁을 대비해서 이기기 위한 훈련을 염두에 두어야 하므로 지극히 제한된 여유에 지나지 않는다. 평화를 위해 전쟁을 준비해야 하는 것이 군대의 의무인데, 이는 기쁨을 얻기 위해 어마어마한 고통의 대가를 치러야 한다는 말처럼 들린다.

오랜 관습과 전통에 따라 전쟁은 악이고 평화는 선이라고 말할 수 있다. 그러나 구체적 현실을 접하면 문제는 그렇게 간단하지 않다. 전쟁 상황에서도 선과 악은 상대적이다. 이스라엘과 팔레스타인 간의 전쟁에서는 아동과 부녀자 들의 인명 피해가 엄청난 숫자에 달한다. 그런데 양측은 상대방이 먼저 총격을 가해서 인명 피해를 발생하게 했으므로 대응하는 것뿐이라고 성명을 발표한다. 대개 사람들은 살인을 가장 나쁜 죄라고 여겨서 살인자를 재판하여 무기징역이나 사형을 선고한다. 그런데 사형을 구형하는 검사나 사형을 선고하는 판사, 사형을 집행하는 관리는 선한 사람들인가, 아니면 악한 사람들인가? 이스라엘 군대는 팔레스타인 민간인을 살상하고 팔레스타인 군대 또한 이스라엘 군인과 민간인을 살상하면서, 각각의 군대는 자기편이 선하고 상대가 악하다고 강변한다. 일상생활에서 강도짓 하는 것은 악이고, 전쟁에서 상대 국가의 군인이나 민간인을 죽이는 것은 선인가?

개천가를 산책하면서 바람결에 파도치는 억새풀을 바라보며 "억새풀에게도 선과 악이 있느냐?"라고 물어보면 억새풀은 "없어! 없어!"라고 크게 소리치는 것 같다. 우거진 억새풀 사이로 떼 지어 날아가는 참새 떼에게 "너희들에게도 전쟁이 있느냐?"라고 물으면 "몰라! 몰라!" 하며 쩍쩍거리고는 자취를 감춘다. 작은 산등성이와 개천과 잉어 떼에게, 그리고 구름과 하늘에 "너희들도 전쟁과 선악을 알고 있느냐? 너희들도 전쟁을 하느냐?"라고 물으면 "제정신이 아니구먼! 인간의 탈을 쓴 동물은 모두 정신이 병들었어!"라고 큰 소리치며 곱지 않은 눈빛으로 나를 바라보는 것 같다.

헤겔은 반대, 갈등, 모순의 상태는 전쟁이고 반대, 갈등, 모순이 통일되고 해결된 상태는 평화인데, 평화가 오기 위해서는 어쩔 수 없이 전쟁을 해야 하므로 전쟁은 필요악이라고 주장한다. 이론적으로는 그럴듯해 보여도 위험천만한 주장이다. 4,500만 명의 목숨을 무참히 살상한 제2차 세계대전이 과연 필요악인가? 만물은 생성·변화하므로 전쟁, 즉 생성·변화가 만물의 아버지라고 한 헤라클레이토스는 경험론적 입장의 인식론을 제시하지만, 만물의 원천은 로고스(이성)라고 할 때 이 견해는 앞의 주장과 모순된다.

앎의 원천은 무엇일까? 인간은 불확실하고 제한된 앎의 능력으로 앎의 원천을 욕망이라고 한다. 그렇다면 욕망도 헛된 것인가? 헛되다거나 참되다고 하는 판단 역시 제한되고 헛된 욕망의 결과라고 한다면, 나(자아)라고 하는 그림자와도 같은 불완전한 존재가 주장하는 모든 것은 헛된 것에 지나지 않는가? 어린 시절, 함박눈 쏟아지는 날 작은 눈덩이를 굴려서 커다란 눈사람을 만들고 신나서 소리 지르고 방방 뛰었던 기억이 새록새록 떠오른다. 하루 이틀이 지나고 나면 큰 눈사람이 서 있던 골목가 집 굴뚝 옆에는 눈 찌꺼기 흔적이 조금 남아 있을 뿐 눈사람은 간 곳이 없다.

어느 책에서인가, 새가 공중에서 날아가면서 남긴 발자국을, 그리고 물고기가 물속에서 헤엄치면서 남긴 지느러미 자국을 찾아보라고 한 구절이 떠오른다. 무엇인가가 있다는 생각과 없다는 생각은 모두 원래는 빈 욕망의 산물인가? 헤라클레이토스가 실제 전쟁에 참여하여 상대 군인을 살상해야 하는 처절한 체험을 했다면, 그래도 "전쟁은 만물의 아버지"라고 여유 있게 말할 수 있었을까?

그러나 내 체험에 의하면 전쟁은 느림과 여유의 삶을 말살하는, 인간에게 내려진 최악의 저주다. 나는 7, 8세 때 6·25전쟁과 1·4후퇴를 겪으면서 '무섭다', '피곤하고 힘들다', '배고프다' 등 원초적인 느낌 이외의 어떤 것도 몸과 마음에 담을 수 없었다. 나와 똑같은 연배의 사람이나 선후배 되는 사람들은 뼛속 깊이 힘들고 고통스러웠던 전쟁의 체험으로 인해 원만한 인간성을 지키기 힘들었을 것이다. 그래서 그들은 비정상적이고 영위하기 힘든 삶을 지금까지 허덕이며 용케도 버티고 있는지도 모른다. 지금도 전쟁은 지옥에 불과하다고 결단코 말할 수 있다. 작은 부부싸움도 힘겹고 괴로운데, 집단적인 인간끼리의 대규모 전쟁이야말로 인간의 삶에 대한 저주이자 지옥일 뿐이다.

열아홉,

지성과 역사는 확고한가

몇 십 년간 머릿속에서 떠나지 않고 나를 괴롭힌 문제 중 하나
는 "과연 지성과 역사는 인간의 숙명인가?"라는 것이었다. 지금도
이 물음을 붙잡고 간간이 씨름하고 있다. 이 물음에서 벗어날 듯
결코 벗어나지 못하는 나 자신을 되돌아보면 안타깝고 한심하다
는 생각마저 든다. 평생 입에 풀칠하고 자식들 뒷바라지하기에 눈
코 뜰 새 없이 바빠서 나(자아)가 무엇이고 왜 존재하는지, 제대로
반성할 느림과 여유의 삶을 전혀 맛보지 못한 사람들이 대부분이
다. 물론 잠시 느림과 여유의 삶을 맛본 사람들도 있겠지만, 그들
역시 망각이라는 거대한 물레방아를 거쳐 어디론가 알지 못할 곳

으로 흘러가고 있을 것이다.

가끔 주변에서 깜짝 놀랄 만큼 뛰어난 지적 능력을 가진 사람들을 볼 수 있다. 컴퓨터나 스마트폰을 능수능란하게 조작하는 학생들을 보면 감탄사가 절로 나온다. 손가락의 움직임이 얼마나 빠른지 도저히 눈으로 따라갈 수 없을 정도다. 청소년들의 지성 능력과 조작의 습관적 역사가 그들을 디지털기기의 천재가 되게 한 것이다.

최근 노령화 시대를 맞이하면서 주변에서는 "장수가 축복일까, 아니면 재앙일까?"라며 농담처럼 이야기하곤 한다. 치매 통계에 관한 뉴스를 들은 사람이라면 "어느 연구소의 발표에 따르면 우리나라에서 65세 이상 되는 사람 중 10분의 1이 치매 환자래요. 나이든 사람 중에 건강하게 장수하는 사람이 과연 몇 명이나 되겠어? 생로병사야말로 불변의 진리야. 장수는 한마디로 재앙이라고!"라고 이야기할지도 모른다. 어쨌든 무생물이든지 생물이든지 간에 모든 존재는 현재의 상태를 유지하려는 탄력을 가지고 있는데, 인간은 다른 동물보다 훨씬 강한 지성 능력에 의해 생명의 탄력을 극대화시킨 것이 아닐까 싶다. 어쩌면 지나치게 지성 능력을 사용함으로써 오랜 역사를 통해 지성 능력이 무소불위, 전지전능의 자격을 부여했다고 확신하는지도 모른다.

21세기에 접어들며 인간 평등은 누구나 다 아는 사회적 사실이라고들 말한다. 그러나 가진 자와 못 가진 자의 구분은 언뜻 보기에 사라진 것 같지만 다원적 인간 차별, 곧 잘생긴 자와 못생긴 자, 강한 자와 약한 자, 약은 자와 어리숙한 자, 날쌘 자와 느린 자, 많이 배운 자와 덜 배운 자의 차이는 여전히 존재한다. 지성이 세련되고 힘을 가질수록 이런 식의 인간 불평등은 아무 문제도 없는 것처럼 인간 평등 개념에 흡수되고 마는 경향을 보인다.

지성과 권력의 결합은 현실적으로 엄청난 힘을 발휘한다. 사립학교를 좌지우지하는 이사장들의 상당수가 국회의원이어서 사립학교의 민주적 개선을 별로 달가워하지 않는다는 이야기가 있다. 판검사, 변호사 등 법조계 출신이나 의사 출신 국회의원도 많아서, 법조계와 의료계의 혁신도 그다지 쉽지 않다고 한다. 지성과 권력이 끈끈하게 결합되면 그런 상태는 중독성이 강하므로 오래도록 유지되게 마련이다.

도대체 지성이 무엇일까? 지성의 역사적 업적을 일컬어서 문화라고 할 수 있다. '위대한 인류의 문화유산'이라고 말하면서 인간인 자신을 자화자찬한다. 지성적 문화와 연관해서 인간은 과연 찬양받을 만한 존재일까? 아니면 지성으로 인해 저주받은 존재일까? 나는 가끔 베르그송의 지성과 직관을 되새기면서 혼자 상념에 잠길 때가 있다.

"신은 최초의 인류에게 지성과 직관이라는 두 가지 선물을 주면서 잘 구분하고 신중하게 쓸 것을 당부했어. 덧붙여서 적재적소에 알맞게 두 가지 능력을 사용하지 않을 경우 엄청난 재앙을 내리리라고 엄하게 말했어. 원시시대의 인간에게 직관은 쓰기가 매우 간단해서 직관만 사용했어. 먹을 것이 보이면 먹고, 피곤하면 자고, 배부르면 웃고……. 그러다가 구조가 복잡하고 머리 아프게 따져야만 쓸 수 있는 지성에 관심을 가지기 시작했어. 직관으로 먹을 것을 찾기 어려울 때 지성을 사용해 보니 상당히 쓸 만하고 큰 도움이 되었거든. 지성의 힘으로 긴 장대를 만들어서 높은 나무의 열매를 쉽게 따 먹을 수 있었고, 단단히 돌멩이를 갈아서 땅 속의 덩굴 뿌리도 캐어 먹을 수 있었어.

그러고는 다른 동물들을 지배하면서 문명과 문화의 주춧돌을 놓기 시작했지. 생물학적으로 보면 지성이란 기하급수적인 신경세포 증가에 의한 자연적인 결과물이야. 인간의 자유의지에 의해서 갑자기 지성이 생긴 것도 아니고, 그렇다고 아무런 근거 없이 지성이 생긴 것도 아니야. 베르그송에 따르면 지성은 창조적 진화의 결과인 거야. 인간은 다른 동물들처럼 능력이 뛰어나지 않아서 환경에 적응하고 살아남기 위해서는 신경세포의 수가 급증해서 지능이 발달하는 방법 외에 다른 길이 없었다는 거야. 그렇다면 직관뿐만 아니라 지성 역시 인간의 숙명이라고 해야겠지.”

인간은 직관이 이끄는 대로, 지성이 이끌어가는 대로 자신의 삶을 짊어지고 간다. 그런 과정에서 대부분의 사람들은 일상성에 휘말려 눈앞의 이익과 입에 풀칠하기에 몰두한다. 그런가 하면 어떤 사람들은 자유와 해방과 창조를 부르짖고, 또 어떤 사람들은 평등과 정의를 외치고, 어떤 사람들은 진선미를 찾으면서 생명까지 내던진다.

지성과 직관을 하나로 녹여버릴 수는 없을까? 지성적인 디지털 문명이 지나치게 앞서나간 상황에서 직관은 이미 힘을 잃었고, 지금부터는 분석적인 지성이 전지전능한 역할을 떠맡을 것이다. 그런데 문제는 지성은 전지전능과 거리가 멀고 그 개념조차 지성이 만들어낸 허구적인 단어에 지나지 않는다는 데 있다.

이분법적 허구를 만들어내는 주범은 바로 지성이다. 아름다운 여성과 추한 여성을 이분법적으로 구분하는 것도 인간의 지성이다. 찬란한 인류 문화 중에는 비참하며 비극적인 면이 더 많다. 피라미드나 만리장성은 권력욕과 지배욕, 이기주의적 욕망 충족을 위해 만들어진 것인데, 그로 인해 얼마나 많은 인간의 생명이 죽어갔을까? 아름다움과 추함은 상대적인 구분이 아닌가? 또 찬란한 문화유산과 미개한 문화 역시 인위적인, 곧 지성에 의한 구분이 아닐까?

푸코가 말한 것처럼 권력과 지식은 성뿐만 아니라 삶의 여러 측면에서 억압과 은폐를 자행한다. 그래서 지배 계층의 사람들은 마음대로 쾌락을 추구해 왔다. 욕망은 지성을 통해 이분법적 사고방식을 널리 퍼뜨림으로써 신속하고 편리하게 욕망 충족의 목적을 달성했다.

어떻게 보면 인간은 자기 꾀에 넘어간 교활한 여우 같다. 지성이 허구와 가상을 만들어내는 공허한 능력임을 알지 못하고 지성에 의해 완전하고 절대적인 인간과 사회를 만들어낼 수 있다고 확신하고 있기 때문이다. 지성은 인간의 숙명적 능력이다. 인간이 지성적, 역사적 존재라는 것은 인간이 허구적, 가상적 존재라는 의미가 아닐까.

스물,

전쟁의 참상은 인간의 숙명인가

"도대체 인간은 무엇이고 어떤 존재인가?" 독일의 계몽철학자 칸트는 『순수이성 비판』과 『논리학』에서 철학적 물음을 다음의 네 가지로 요약하고 있다. "우리는 무엇을 알 수 있는가? 무엇을 행하여야만 하는가? 무엇을 원해도 좋은가? 인간이란 무엇인가?"

물론 칸트가 궁극적으로 "인간이란 무엇인가?"라는 물음을 던지고 인간의 의미를 알려고 하면서도 자신이 전혀 알지 못하는 인간, 곧 나 또는 우리를 곧바로 끌어들이면서 "나는 무엇을 알 수 있는가?", "우리는 무엇을 행하여야만 하는가?"라고 묻는다면 사실 이는 부당할 뿐만 아니라 무의미하다고 당장 반박할 수 있다. 그렇지만 일단 칸트의 부주의를 관대하게 보아 넘기고 그의 철학의 주요 목적을 보면 그것은 한마디로 진선미와 아울러 인간의 의미를 찾는 것이다.

칸트 철학을 대강 요약하면 다음과 같다. "인간은 진리를 알려고 하지만 진리 자체는 알지 못하고 진리의 그림자(현상)만 알 수 있다. 인간의 인식 능력이 제한되어 있기 때문이다. 예컨대 한 그루의 소나무가 대상으로 존재한다고 하자. 개미나 나비는 지극히 제한된 감각 능력으로 소나무를 인식할 것이다. 그러나 개나 원숭이는 개미보다는 확장된 인지 능력으로 소나무를 인식한다. 인간은 개나 원숭이보다 훨씬 뛰어난 인지 능력으로 소나무를 안다. 그러나 인간의 인지 능력 역시 완전하고 절대적이지는 못하다.

그렇다면 실천적 행동에 있어서는 어떤가? 인간은 자유의지에 의해 의무에 따라 행동하는데, 이 경우 의무의 기반은 도덕법칙이다. 도덕법칙은 인간의 본성에 자리 잡고 있으며 '타인을 너 자신과 마찬가지로 목적으로 대하고 수단으로 대하지 말라'라고 할 수 있다. 도덕법칙에 따라 행하는 실천적 행동이 선한 행동이고 그렇지 못하면 결여된 행동, 곧 악한 행동이 된다.

인간의 삶의 목적은 무엇인가? 삶의 목적은 자유, 영혼 불멸, 신인데, 이는 '사물 자체'라고 할 수 있다. 이 중에서도 신이야말로 완전하고도 절대적인 물자체다. 신은 인간이 알 수 있는 것도, 행동하는 것도 아니고, 원해도 좋은 것이다. 다시 말해서 신은 인간의 궁극 목적이다."

칸트는 인간의 세 가지 능력을 고찰한 다음, 인간이 진선미를 탐구하고 실천하는 존재임을 밝히려 했다. 칸트는 전형적인 서양 철학자로서, 인간이 완전하고도 절대적인 문화와 아울러 신에게 도달할 수 있다는 발전적 역사관을 대변하는 낙천주의자다. 그러면 성선설을 확신하는 낙천주의자 칸트에게 전쟁은 어떤 의미일까?

근대 영국의 경험론과 대륙의 합리론을 종합한 칸트와 독일 관념철학을 통일한 헤겔을 비교해 보자. 이 둘을 잘 드러내는 우스갯소리가 있다. "칸트는 워낙 깐깐하고 쫀쫀한 성격이어서 길바닥에 10원짜리라도 떨어져 있으면 얼른 줍는다. 그러나 헤겔은 대범해서 길바닥에 1,000원짜리가 굴러다녀도 신경 쓰지 않고 1만 원짜리가 눈에 띄면 집어서 주머니에 넣는다."

칸트와 헤겔 모두 기독교(개신교) 신자였다. 칸트와 헤겔은 기독교를 믿으라고 이론적으로 강요하지는 않았지만, 후기 저술로 갈수록 기독교의 분위기가 짙어진다. 그러므로 헤겔은 물론이거니와 칸트의 전쟁관 역시 기본적으로는 기독교 신학의 입장을 견지하고 있다.

칸트는 1795년에 '하나의 철학적 기획'이라는 부제목이 달린 『영구평화론』을 출판했는데, 칸트의 정치철학을 일목요연하게 요약하고 있다. 평화, 전쟁, 자유, 평등, 인류애, 법, 권리, 권력, 정치제도 등 전쟁과 연관된 수많은 개념을 명확하게 고찰하고 있으므로 현실적으로 전쟁에 큰 관심을 가지는 21세기의 우리에게는 필히 참고하지 않으면 안 되는 고전이다.

왜 평화를 추구해야만 하는가? 평화는 모든 적대 행위, 곧 전쟁의 종말이기 때문에 당연히 추구하지 않으면 안 된다. 칸트는 낙천주의자이자 이상주의자답게 현존하는 군대의 해체를 주장한다. 군대는 전쟁을 위한 인간의 집단이고, 전쟁에서 인간은 삶의 목적이 아니라 단순한 기계나 도구에 지나지 않기 때문이다. 칸트에 의하면, 전쟁은 법률로 정당하게 판정할 수 있는 법정이 전혀 존재하지 않는 자연 상태다. 본래적인 선한 인간성과 도덕법칙이 결여된 자연 상태인 것이다. 전쟁에 의해 영원한 평화가 가능하다면 그 평화는 엄청난 인류의 묘지를 세우고서야 가능하기 때문에 전쟁과 아울러 전쟁 수단의 사용은 철저히 허용해서는 안 된다.

칸트는 평화 상태는 인간의 숙고와 노력에 의해 구축되는 상태이므로 자연 상태인 전쟁과는 질적으로 다르다고 본다. 이는 근대 영국 경험론 철학자인 홉스의 견해를 계승한 것이다. 만인의 만인에 대한 전쟁이 인간의 자연 상태이고, 이 상태에서 인간은 인간에게 늑대라는 것이 홉스의 주장이다. 그러나 홉스에 의하면 인간은 이성의 기록에 의해 가능한 한 평화가 유지되기를 원하기 때문에 인위적인 계약이 성립하고, 계약에 의해 모든 사람들의 권리는 완전한 힘을 소유하는 군주에게 이양되어 권력이 된다.

칸트에 따르면 사회구성원의 자유, 공통적 입법, 평등은 평화에 의해서만 보장되며 평화를 가장 잘 실현할 수 있는 정치 체제는 공화정이다. 칸트는 공화정을 가장 잘 시행할 수 있는 정치 체제가 왕정 내지 군주제라고 했다. 전제정치, 귀족정치, 민주정치에서는 군주 권력, 귀족 권력, 민중 권력이 각각 그 지배력이다. 추측컨대 칸트가 이상으로 삼았던 정치제도는 영국의 입헌군주제였던 것 같다. 그는 입법권과 행정권이 구분되는 공화정이 바람직하고, 귀족주의나 민주주의에서는 개인 의지가 절대적으로 작용하므로 독재의 위험이 있다고 보았다.

칸트는 좁은 의미의 마음의 안정이나 평화가 아니라 국제사회와 정치적 평화를 문제로 삼는다. 그러므로 국제법은 자유국가 간의 연방주의를 바탕으로 해야 한다. 이것이 오늘날 유엔(UN)을 성립하게 했다. 칸트는 "전쟁은 악한 사람들을 제거하기보다 오히려 악한 사람들을 만들기 때문에 나쁘다"는 세네카의 말을 인용하면서, 인간 가족적인 세계 시민의 법에 의해 국가 간의 영구 평화가 실현될 수 있다고 생각한다.

칸트는 『영구평화론』의 마지막 부분에서 도덕적 정치학과 정치적 도덕의 차이를 상세히 논하면서, 정치와 도덕의 일치에 의해서만 국가 간의 영구 평화가 가능하리라는 낙관적인 견해를 피력했다. 국가의 법, 국제법, 세계 시민법에 대한 정치적 도덕주의자들의 원리는 단순한 기술의 문제다. 즉, 어떤 테크닉을 가지고 어떻게 지배하느냐가 정치적 도덕주의자에게는 가장 중요하다. 그러나 도덕적 정치가들은 자연적 선뿐만 아니라 의무를 인정하여 영구 평화에 도달하려 한다. 물론 칸트가 말하는 의무는 외적, 형식적 의무가 아니라 인간 본성에 내재된 도덕법칙이 명하는 양심의 소리를 말한다.

정치적 도덕주의자들은 인간 대중을 자연 기계주의에 의해 사회 속으로 몰아넣는다. 그러므로 이런 사회에서는 자유로운 존재로서의 인간이 자발적으로 숨 쉬지 못하고 목숨만 붙어 있는 기계 인간이 되어 기술적 정치가의 명령에 따라 인형처럼 움직일 뿐이다. 그래서 칸트는 영구 평화를 가능케 하는 도덕적 정치학에 관해 이렇게 말한다. "도덕적 정치학의 원칙은 한 민족은 자유와 평등의 보편적인 법 개념에 따라 마땅히 통일되어야 하며, 이러한 원리는 약삭빠름이 아니라 의무를 근거로 삼는다는 것이다."

칸트는 어디까지나 선한 인간 본성을 확신하므로, 정치적인 윤리 기준은 모든 국가의 안녕과 행복을 목적으로 삼기보다는 영구 평화를 위한 가장 근본적인 순수한 법 개념을 출발점으로 삼아야 영구 평화가 실현될 수 있다고 본다. 현실적인 정치와 인간의 본성에 순수한 법의 의무 개념이 일치할 때 비로소 인간의 자유와 평등을 보장하는 영구 평화가 가능하다. 이는 다른 말로 하면 전쟁의 억제와 극복이다. 칸트는 인류애와 법에 대한 존경이 인간의 의무라고 말한다. 선한 본성에 대한 인간의 자각과 그 자각을 기초로 삼는 실천적 행위인 것이다.

나는 칸트의 주장이 현대 사회를 살아가는 많은 것을 시사한다고 생각한다. 그러나 헤겔의 "전쟁은 필요악"이라는 말과 함께 칸트의 『영구평화론』은 당장 체험하는 전쟁의 참상과는 너무 거리가 멀다. 21세기에 들어와서도 세계 여러 곳에서 언제 끝날지 모를 피비린내 나는 전쟁이 벌어지고 있다.

"인간은 과연 이성적인 동물인가? 이성이 있다면 그것은 무엇이고 어디에 있으며 어떤 역할을 하는가? 전쟁은 정말 헤겔의 말처럼 필요악인가? 선진국은 이성적 국가로 문화가 고도로 발달하고, 양심적이고 인간의 자유와 평등 및 평화를 원하며 실현한 국가라고 한다. 그러나 온갖 살상 무기를 제조하여 전쟁 국가에 팔아먹은 것은 다름 아닌 선진국이다. 입으로는 평화를 크게 외치면서 이성으로는 전쟁을 부추기고 있는 것일까?"

세계대전 당시 독일과 일본은 세계 정복의 야망을 달성하기 위해 전쟁을 벌였고, 결국 4,500만 명의 인명이 희생되었다. 독일은 전쟁기념관을 세우고 독일인들이 저지른 만행을 반성한다. 그러나 일본은 인명 살상에 대한 반성보다는 피침략국들을 근대화시켰다며 정신질환자 같은 발언을 반복한다. 전쟁은 과연 피할 수 없는 것이고 전쟁의 참상은 인간의 숙명이란 말인가? 지금 이 땅에 엄연히 존재하는 남북 대결이 마냥 답답하기만 하다.

스물하나,

통일의 열망은 어느 시점에 확대되는가

나이 70이 넘어 겨우 느림과 여유의 삶을 찾아서 여기저기 둘러
보기도 하고, 길거리를 걸어가다가 정신없이 바쁜 군중들 사이에서
갑자기 서서 하늘을 바라보거나 눈을 감고 명상에 잠기거나 무념
무상의 상태에 빠져보기도 하지만, 여전히 느림과 여유의 삶은 꼬리
도 보이지 않고 아득히 먼 곳에 웅크리고 숨어 있는 것 같다.

1980년대 말, 중국 대륙과 국교가 이루어지기 전에 우연히 베이
징과 상하이, 쑤저우, 항저우 등을 둘러볼 기회가 있었다. 화장실
이나 호텔은 놀랄 만큼 낙후되어 있었다. 그러나 자금성에 들어가
서 규모를 보는 순간 "아하! 그래서 주변 국가에서 앞다투어 조공

을 바치고 굽실거렸구나!" 하는 생각이 들었다. 1990년대 이후로 여러 차례 중국을 방문하면서 남북 대립과 국제 정세에 눈을 뜨게 되었고, 시간이 갈수록 통일은 멀고도 험한 길이라는 생각에 한숨이 나왔다.

1970년대 중반, 독일 유학 시절에 친구와 서독에서 동독으로 넘어가서 베를린의 수도원에서 묵은 일이 있었다. 또 장학금 재단 모임이 베를린에 있어서 뷔르츠부르크에서 자가용을 타고 동서독 국경을 넘어 동독의 여러 도시(할레, 바이마르 등)를 거쳐서 서베를린에 들어간 적이 있었다. 그 이후 교환교수로 머물면서 여유를 가지고 유럽의 과거와 현재를 살펴볼 수 있었다. 특히 독일의 통일 과정을 현지에서 직간접적으로 체험하면서 어려서 겪은 전쟁과 사회적인 혼란, 통일에 대한 갈망 등을 곰곰이 생각해 보게 되었다. 동시에 한국의 과거사와 독일의 과거사를 비교하면서, 두 나라가 어떤 역사적, 국제 정치적 배경을 가지고 있으며 현재는 어떤 상태에 처해 있고 미래에는 어떤 길을 갈 것인가에 대해서도 조금씩 생각의 폭을 넓혔다.

독일은 세계대전을 일으킨 죄 때문에 연합국에 의해 동서독으로 분단되었다. 독일인들은 똘똘 뭉쳐서 세계 정복의 야망을 실현시키기 위해서 세계대전을 일으켰다. 연합국에게 패전한 독일인들은 여전히 똘똘 뭉쳐 있었지만 물질적, 정신적으로 피폐하여 힘이 없었다. 그래서 연합국들은 독일을 동서독으로 분단하고, 동독 안의 베를린 역시 동서 베를린으로 갈라놓았다.

독일은 원래 영국, 프랑스, 이탈리아, 네덜란드 등에 비해 문화 수준이 낮았다. 근대 이전에 르네상스를 겪지 않았기 때문일 것이다. 게르만족은 200~300개의 봉건국가들로 나뉘어 있었기 때문에 통일하기 위해서 엄청나게 많은 노력과 시간이 필요했다. 19세기 중반까지만 해도 독일은 서너 개의 봉건국가들로 이루어져 있었기 때문에 프로이센은 통일을 위해 총력을 기울였다. 르네상스를 겪지 못한 독일은 야만 상태로 남아 있을 수밖에 없었지만 나중에 영국, 프랑스, 이탈리아 등이 꽃피운 르네상스 문화를 송두리째 흡수할 수 있었기 때문에 오히려 다른 국가들보다 더 찬란한 문화의 꽃을 피울 수 있었다. 독일의 마지막 통일을 위해 프로이센의 철혈 재상 비스마르크와 같은 인물이 피눈물 나는 노력을 기울였고, 통일의 마지막 에너지들로서 칸트, 피히테, 셸링, 헤겔 같은 철학자들과 바흐, 헨델과 같은 음악가들 그리고 괴테와 쉴러 등의 대문호들의 문화적 업적이 커다란 기여를 한 것도 빼놓을 수 없다.

사실 역사상 바이킹족을 원천으로 삼는 게르만은 과거에 독일 북부 지방과 스칸디나비아반도 여기저기에 흩어져 살다가 9세기경 민족대이동 때 남쪽으로 이주하면서 현재 독일에 많이 정착하고, 나머지는 사방에 흩어져서 수많은 봉건국가들을 형성했다. 그러나 게르만족의 봉건국가들이 한창 전쟁에 바쁠 때, 깊은 계곡들에 산재해 있던 수많은 가톨릭 수도원은 속세와 떨어져서 고대 그리스와 로마의 철학, 신학, 문학 등을 꾸준히 연구할 수 있었다. 그 덕분에 독일에서 바흐, 괴테, 칸트 등 문화의 꽃이 피어난 것이다.

통일의 완성 단계에 이른 독일은 단단한 고전 문화를 바탕으로 영국, 프랑스, 이탈리아, 네덜란드 등이 애써서 가꾸어놓은 르네상스의 풍요로운 열매를 한꺼번에 따서 종합할 수 있었기 때문에 문학, 음악, 철학 등의 업적을 성공적으로 쌓을 수 있었다. 원래 게르만들은 털복숭이 야만족이었다. 오래전에 게르만족이 얼마나 야만적인지 묘사한 글을 읽은 적이 있었다. 로마군과 게르만족 간의 전쟁이 벌어졌을 때 완전무장하고 진격하는 로마 군대 앞에서 벌거숭이 게르만족들은 역부족이었으므로 후퇴하기에 바빴다. 이를 보다 못한 게르만 여성들이 갑자기 분노하여 옷을 완전히 벗어버리고 창칼을 휘두르면서 로마 군대를 향해 돌진했다. 게르만족 여자들이 벌거벗은 가슴으로 무기를 들고 달려오는 모습을 본 로마 군대는 차마 여자들과 싸움할 수 없어서 후퇴했다고 한다.

세계대전을 일으켜 세계 정복을 꿈꾼 게르만족은 어떻게 보면 무지막지하기도 하고, 또 어떻게 보면 황당하기도 하고……. 어쨌든 게르만족이 제3차 세계대전을 일으킨다면 그들은 인간말종이며 정신병자 집단일 것이다. 지금 게르만족은 철저히 역사를 곱씹으면서 자신들이 범한 죄의 대가를 충분히 치르고 있는 것으로 보인다. 세계대전 이후 동서독으로 분단되었던 독일의 통일은 당연한 것이었다. 그 이유는 무엇일까?

내 생각으로는 동서독 통일의 여러 요소들 중 중요한 요소는 독일인들의 무의식에 깊이 깔려 있는 신성로마제국인 듯하다. 로마제국은 멸망 후 서로마제국(395~476년)과 동로마제국으로 분열된다. 서로마제국은 게르만족의 침략으로 멸망했고, 동로마제국은 터키의 침략으로 멸망하기까지 약 1,000년 이상(330~1453년) 번성했다. 그런데 962년 게르만족의 독일왕 오토 1세가 교황 요하네스 12세에 의해 대관식을 치른 후 국가의 호칭을 신성로마제국이라고 불렀다. 그리고 1806년 프란츠 2세가 나폴레옹 군대에 의해 패한 후 신성로마제국은 사라졌다. 신성로마제국은 일종의 연방제였는데, 독일 왕이 황제를 겸하는 경우가 많았다. 따라서 지금도 독일인들은 유럽의 고대 로마제국을 이어받은 신성한 로마제국이 독일이라는 생각을 무의식적으로 가지고 있다.

영국은 셰익스피어 한 사람만으로도 먹고산다는 말이 있다. 분단된 독일은 칸트, 바흐나 괴테 한 사람만으로도 기회가 오면 언제나 통일될 수 있었고, 특히 신성로마제국이라는 역사적 과거만으로도 언제나 통일될 수 있는 저력을 가지고 있었던 것 같다. 그래서 세계대전 후 연합국은 독일을 동서독으로 나누었지만, 독일의 정치, 경제적인 힘이 커지고 국제관계가 느슨해지면서 하나로 통일될 수 있었다.

남도 자주 만나면 가족보다 친해지고, 식구도 자주 보지 못하면 남보다 더 거리감을 느낀다. 1970년 유학 시절에 나는 동서독의 지도자들이 알게 모르게 자주 만나는 것을 언론을 통해 알 수 있었고, 나도 국경을 넘어 동독 땅을 통해 세 차례나 서베를린에 가보았다. 그때 서독인들은 일정액을 지불하는 조건으로 동독의 친척들을 방문할 수 있었다. 조금 지나자 텔레비전 방송이 동·서독에 같이 방송되었고, 그후 서독의 큰 회사의 지사나 지점이 동독에 자리를 잡았다. 이렇게 조금씩 개방되다가 브란덴부르크의 담이 무너져버린 것이다. 나에게 장학금을 주던 자유당의 당 대표를 오래 지낸 겐셔는 18년간이나 외무장관을 하면서 독일 통일에 지대하게 공헌했다. 그는 원래 동독 출신이었기 때문에 통일에 대한 염원이 남들보다 더욱 간절했을지도 모른다.

유학 생활이나 교환교수 시절에 느낀 점 하나는 독일의 엘리트들, 즉 교수, 국회의원, 장관, 기업가, 의사, 관리와 교사 등이 대부분 정직하며 진지하다는 것이다. 윗물이 맑아야 아랫물이 맑다는 말이 있듯이 엘리트들은 공정함을 알고 실천한다. 그러나 후진국에서는 대체로 엘리트들이 부정부패와 비리에 앞장서기 때문에 일반 구성원들도 수단 방법을 가리지 않고 부와 권력을 축적하여 행복한 삶을 누리려 한다.

나는 6·25전쟁의 기억이 너무나도 생생하게 떠올라서 식은땀을 흘리면서 깨어나 한참 동안 잠 못 이루고 고뇌의 시간을 맛볼 때가 자주 있다. 그만큼 전쟁의 상처는 깊고 처절하다. 전쟁과 분단의 상처는 국가뿐만 아니라, 그에 속한 개인의 삶에도 영향을 미친다. 그러나 통일과 평화는 그렇게 쉽게 찾아오는 행운이 아니다. 독일 통일은 명백하게 예견되었다고 하더라도, 그들은 모든 정열을 통일에 쏟아 부었다. 그런데 우리는 남북통일을 위해 얼마나 많은 시간과 노력을 기울이고 있는가?

독일 통일 이전에 서독은 세계 3, 4위의 경제대국이었고, 동독은 세계 10대 공업국에 속해 있었다. 서독이 소련에 바친 돈은 천문학적이었다.

땅을 기름지게 하고 좋은 씨앗을 뿌려서 정성껏 가꾸면 알찬 결실을 맺을 수 있다. 우리라고 남북통일을 위한 기름진 땅과 씨앗이 전혀 없는 것은 아니다. 인간을 인간답게 만들고 문화를 번창하게 만드는 근본은 의식, 곧 정신이다. 정신적인 공통성의 뿌리를 든든하게 키운다면 통일과 평화를 위해 치러야 하는 시간과 노력을 절약할 수 있다.

그렇다면 남북통일의 필수적 계기가 될 정신적 공통성의 뿌리로는 어떤 것이 있을까? 우선 원효, 의상, 지눌, 의천, 퇴계, 율곡 등의 위인들이 있으니 이를 함께 개발해야 한다. 뛰어난 건축 양식을 자랑하는 사찰과 향교, 고려청자와 조선백자를 비롯하여, 특히 한글은 남북통일을 가능하게 할 수 있는 절대적인 정신적 문화유산이다. 정신적 문화를 보존하고 연구하고 키워가면서 정치, 경제, 외교 문제들을 체계적으로 풀어가야만 남북통일의 실마리가 풀리기 시작할 것이다.

전쟁은 저주이자 지옥 그 자체다. 지금 남북통일을 염원하면서도 느림과 여유의 삶을 잃고 단지 개인의 이기욕과 지배욕에 눈이 멀어 순간의 쾌락만 뒤쫓고 있다. 지나간 역사를 돌이켜보면서 지금 긴 한숨만 내쉬어야 하는 이유는 무엇인가?

스물둘,

창조와 파괴는 문화의 두 얼굴인가

20년 전에, 그리고 10여 년 전에 로마에 가서 차를 타기도 하고 걷기도 하며 여기저기를 구경했다. 로마 문화를 직접 체험하고 싶으면 발로 걸으면서 건물과 거리를 살펴봐야 겉핥기 식 관광이 되지 않는다. 도시국가여서 그런지 로마나 아테네는 한 시간 남짓 걸으면 도시의 끝에서 끝까지 갈 수 있다.

로마를 어슬렁거리며 돌아다니면 도시 자체가 유적이고 문화유산임을 알 수 있다. 발을 딛고 있는 보도와 눈앞의 건물이 보통 1,000년 이상 된 것이니 마음대로 허물 수도 없다. 로마제국이 유럽뿐 아니라 세계를 지배하려는 야망을 가질 만했다는 평가가 거짓은 아닌 것 같다. 이렇듯 로마는 찬란한 문화와 유산으로 가득하다.

보통 인류의 물질적 업적을 문명이라고 부르고, 정신적 업적을 문화라고 부른다. 그러나 물질과 정신은 엄밀히 구분되는 것이 아니다. 물질을 취급할 때 정신이 동반될 수밖에 없고 정신적 작업이라고 해도 물질이 수반되므로, 문명과 문화는 확연히 구분되는 개념이 아니다. 문명이든 문화든, 인간이 창조한 이상 인간의 정신을 바탕으로 한다. 피라미드, 만리장성, 콜로세움 등과 여러 예술작품, 종교 의식, 철학 사상, 여러 민족의 윤리도덕 등은 모두 특정한 의식이나 정신을 담고 있다.

거대한 피라미드, 천안문 광장과 자금성, 만리장성을 보면 나는 착잡한 마음에 사로잡힌다. 느림과 여유의 삶을 조금이라도 맛보는 순간 어쩔 수 없이 자기반성의 시간을 가지고 도대체 문화가 무엇이고 인간이 무엇인지 고뇌하게 된다. 사람들은 느림과 여유의 삶이라는 말을 들으면 일상에서의 탈출, 휴가, 자유, 한가로움 등을 상상할 것이다. 그러나 내가 말하는 느림과 여유의 삶은 일상의 삶을 가까이에서, 또 멀리서 예리하게 통찰하는 삶이다. 즉, 자기반성과 자기비판의 삶이자 자기 창조의 삶이다. 궁극적으로는 자아 자체를 극복하는 삶이다. 느림과 여유의 삶이 자기 역할을 다했을 때 삶은 욕망의 산물에 지나지 않을 것이다. 하기야 욕망도 헛된 인간의 공허한 상상인지도 모른다.

로마나 아테네와 같은 고색창연한 도시가 아니더라도 서울의 강북 종로나 청계천 또는 강남대로를 걷다 보면 다양한 빌딩, 도로, 차량을 볼 수 있다. 그러면 도대체 문화가 무엇인지 생각하게 된다. 인간을 일컬어서 문화의 창조자이면서 피조물이라는 것은 이처럼 빌딩, 도로, 차량을 만들어 이용하다가 자식을 낳은 후 죽고, 다시 자식들이 빌딩, 도로, 차량을 만들어 이용하면서 자식을 낳는 식으로 지구가 멸망할 때까지 반복한다는 의미인가?

니체는 모든 전통적인 문화 요소들, 곧 도덕, 종교, 학문, 예술이 노예적이고 형식적인 퇴폐주의에 빠져서 허무주의에 물들어 있으므로 과거의 전통적인 문화는 모조리 전도해야 한다고 주장했다. 힘에의 의지, 영겁 회귀, 운명애, 창조적 인간 등으로 새로운 문화 가치를 정립해야 한다고 했지만, 막상 그가 제시한 개념이 낡은 가치들과 무슨 차이가 있는지 찾기가 쉽지 않다.

노자의 『도덕경』을 읽다 보면 움직이는 태극(太極)의 그림이 떠오른다. "세상 사람들이 미(美)를 미라고 하는 것에서 추함이 생긴다. 세상 사람들이 선(善)을 선이라고 하는 데서 불선(不善)이 나온다"는 문장을 읽으면서 음과 양이 왜 하나의 태극이면서 동시에 둘로 나뉘는지 이해할 듯하다. 『도덕경』의 내용은 심오하고 난해한 듯하지만, 실은 단순하다. 등잔 밑이 어둡다는 말이 있듯이 『도덕경』에서 말하는 느림과 여유의 삶은 아주 가까이 있는데도 우리가 지나치게 고매하고 가까이하기 어려운 것으로 느낄 뿐이다. 『도덕경』 상편 3장을 살펴보면 "현자(賢者)를 존중하지 않는다면, 백성들을 경쟁하지 않게 할 수 있다. 얻기 어려운 보화를 귀하게 여기지 않는다면 백성들로 하여금 도둑질을 하지 않게 할 수 있다. 욕망하게끔 하는 것을 보지 않는다면, 백성의 마음을 어지럽지 않게 할 수 있다"라고 한다. 4장의 첫머리에는 "도(道)는 빈 그릇이지만 아무리 퍼내어 사용하더라도 다시 채울 필요가 없다"라고 되어 있다. 이 글을 천천히 읽으면서 눈을 감고 지금 현실에서 몇 발자국 물러나서 뜻을 새겨보면 갑자기 환한 빛이 퍼져오는 것을 느낄지도 모른다.

인간은 이분법적 사고방식에 젖어 있다. 이분법적 사고방식은 인간의 숙명이며 문화의 숙명일 것이다. 노자는 도를 빈 그릇이라고 했는데, 나는 마음을 빈 그릇이라고 말하고 싶다. 아니, 마음을 빈 그릇으로 만들어야만 느림과 여유의 삶을 조금이라도 맛볼 수 있다. "마음이 가난한 자는 복이 있으니 천국이 그의 것이요"라는 말이 있는데, 이 말을 바꾸어서 "마음을 비운 자는 느림과 여유의 삶을 즐길 수 있고, 더 나아가서는 자기 자신과 삶을 망각하고 무념무상과 하나가 될 수 있다"라고 말하고 싶다.

나잇값을 하라는 말이 있다. 이는 늙을수록 마음을 비우고 기꺼이 죽음을 맞이할 준비를 하라는 것이다. 노자 말대로 마음을 비우느니 채우느니 하지 말고 마음마저 망각해 버리면 훨씬 편하지 않을까?

그러나 역사와 문화는 나잇값이나 마음을 비우는 것에는 별 관심이 없고 스마트폰과 함께 초음속으로 발달의 엔진을 가동시키고 있다. 앞에서 언급한 사관 중에 문화가 논의될 수 있는 것이 발전사관이었다. 아리스토텔레스와 같은 철학자는 물론이고 4대 성인도 발전사관의 깃발을 높이 들고 천국, 행복, 깨달음, 정의 등 삶의 완전한 상태를 인류에게 제시한다. 동서양의 유명한 사상가, 정치가, 교육자 등은 인류 문화가 완전하고 절대적인 목표를 향해서 부단히 진행되고 있다는 희망을 보여준다. 그런데 노자의 입장에서 발전사관의 문화를 해부해 보면 어떠한가?

진리를 말하고 찾기 때문에 허위가 생기고, 미를 추구하니 추가 생기고, 선을 찾으니 악이 생긴다. 예컨대 텔레비전에 성범죄자가 체포되었다는 뉴스가 나오면 많은 사람들은 더 흥분하여 "저런 놈은 엄벌에 처해야 해. 형기를 마치고 석방된 후에는 단단히 발찌를 채워야 해!"라고 말한다. 그러나 사람들은 무의식적으로 다음처럼 외치고 있을 것이다. '물론 누구나 성충동을 참을 수 없을 때가 있을지도 모르지. 저 사람도 외계에서 갑자기 나타나서 악마처럼 죄를 저지른 것은 아니야. 범죄의 배경에는 가정환경, 교육, 성장 과정, 친구 관계, 불법 성매매와 인터넷의 무분별한 야동 등 헤아릴 수 없이 많은 사회적 요인이 깔려 있고, 어떻게 보면 일종의 책임감을 느끼지 않을 수 없어. 이럴 때는 아닌 척하면서 여론 몰이와 마녀사냥에 묻어가는 것이 상책이야.'

노자의 말을 상기하면서 느림과 여유의 삶을 조금이라도 맛보기 위해 인간의 위대함을 보여주는 '문화'라는 개념을 살펴보았다. 문화는 위대한 창조와 파괴(전쟁)라는 동전의 양면을 가지고 있다. 문화를 생각하고 말할 때 이미 야만을 무가치한 것으로 여기고 완전하고 절대적인 인간과 사회(완전하고 절대적인 문화)를 삶의 목표로 삼고 전후좌우 없이 질주한다. 완전하고 절대적인 삶, 사회, 행복은 인간의 욕망과 지성이 얼기설기 짜놓은 상상 내지 가상의 거미줄인 셈인가?

스물셋,

아름다움은 권력인가

지인 중에 피부과 전문의 한 사람과 성형외과 전문의 두 사람이 있다. 피부과 전문의는 작고 단단하며 피부가 거무스름해서 꼬막원장이라는 별명이 있다. 꼬막원장은 내가 수시로 찾아가도 깍듯이 맞이한다. 그는 위험하고 큰 수술은 절대로 하지 않고 오직 '프티 성형'만 해서 역삼동의 프티 성형 대가가 되겠다고 말하곤 한다. 벌써 어느 정도 소문이 나서 예약이 꽉 찼을 정도다.

왜 프티 성형만 하려는지 물었더니, 그는 병원 차리는 데 생각보다 많은 돈이 들었고 은행 빚도 만만치 않아서 돈이 되는 일을 하는 거라며 말꼬리를 흐렸다. 나는 꼬막원장이 주간지와 일간지에도

'최고의 프티 성형'이라며 광고까지 열을 올리는 아유가 오직 돈 때문이냐고 넌지시 물었다. 꼬막원장은 힘없이 웃으면서 말문을 열었다.

"원래 저는 피부과 전문의였는데요, 박사까지 하고 싶었지만 이론보다는 실제 시술이 급하고 또 너무 바빠서 개원하기로 하고 박사는 포기했어요. 개원 초기에는 피부질환 반, 프티 성형 반의 비율로 환자를 받으려 했지만, 여고생, 여대생, 젊은 여성들이 몰리면서 너도 나도 조금만 예쁘고 아름답게 해달라는 거예요. 고민하기도 했지만, 결국 제가 갈 길은 프티 성형이라고 생각했어요.

프티 성형으로 소문나면서부터 그야말로 청춘남녀들이 아름다움 때문에 찾아오더라고요. 저도 개원 4년 만에 생각이 많이 바뀌었어요. 지금도 저는 그 정도면 괜찮은데 왜 손을 보려 하느냐고 물어요. 대답은 다 다르지만, 결국에는 조금이라도 아름다워지면 자신감을 가질 수 있다는 거예요. 인간관계의 자신감, 애인을 당당히 사귈 수 있다는 자신감, 면접 시험에서의 자신감, 거울 앞에서 자신을 바라볼 수 있는 자신감 등을 가질 수 있으므로 삶 자체가 활력이 넘칠 테니 가장 효과적으로 자연미가 돋보이게 해달라는 거죠. 저는 성형외과가 아니라 피부과이니까 본격적인 수술은 기대하지 말고, 최대한 자연스럽고 예쁘게 시술하겠다고 매번 약속해요."

한편 내가 우연히 만난 공 원장은 성형외과 전문의로 양악수술의 대가로 알려져 있어서 하루에 보통 두세 명씩 수술하느라 꽤 바쁜 편이었다. 그는 양악수술 이외에도 목과 이마 당김 수술을 통해 회춘시키는 데 탁월한 재능을 지닌 것으로 널리 알려져 있었다.

"오랜 세월 성형수술에 종사하면서 얻은 유일한 진리가 있습니다. 그것은 바로 '아름다움은 권력이다'라는 불변의 사실이에요. 철학은 잘 모르지만, 아리스토텔레스는 '아름다운 여인은 아무 말도 안 하고 먼 하늘만 쳐다보고 있어도 뭇 남성들의 마음을 흔들어놓는다'고 했대요. 남자들만 권력욕을 가지고 있는 것이 아니에요. 여자들의 권력욕은 더 집요해요. 아름다움을 위해서는 목숨까지 건다고요.

물론 최선을 다해서 가장 안전하게 수술을 하지만, 그래도 어떤 위험도 감수하겠다는 각서에 서명한다는 것은 목숨을 내맡기겠다는 뜻이잖아요. 그런데 수술을 결심한 여성들은 하나같이 아름다움을 위해서 무엇인들 못하겠느냐는 태도예요."

이렇듯 공 원장은 여성들이 인생에서 가장 중요시하는 것이 아름다움이라고 확신하는 사람이다. 어느 날 나는 공 원장의 태도가 좀 일방적인 듯 느껴져서 슬쩍 그를 공격했다.

"여성이나 남성이나 인생에서 가장 중요하다고 믿고 생각하는 것이 아름다움이라는 공 원장의 주장은 다분히 주관적인 것 같아요. 내가 아는 어떤 여제자는 대학생 때 빼어난 미모의 소유자였어요. 그런데 학교 졸업하고 결혼하더니 애를 연년생으로 둘 낳고 사람이 180도 변했어요.

내가 그녀에게 왜 온갖 정성을 애들에게만 쏟고 자신의 몸매와 얼굴을 소홀히 하느냐고 물었더니, 그녀는 피식 웃으면서 이렇게 말했어요.

'선생님, 결혼하고 아이를 둘이나 낳다 보니 이제야 철이 드나 봐요. 애 둘을 낳고 정신없이 키우면서 지난날의 자신과 현재 그리고 미래의 제 모습을 바라볼 수 있게 되었어요. 저는 예전에 아름다움에만 신경을 썼고, 너무 이기적이었어요. 내 분신 같은, 아니 내 미래의 희망인 아이들을 키우면서 그동안 내 영혼, 내 정신이 너무 텅 비어 있었다는 것을 느꼈어요.

솔직히 고백하면 지난날의 저는 백치미인이었어요. 아이들을 키우면서 영혼의 아름다움이 참다운 아름다움이라는 사실을 절실히 느꼈어요. 아이 둘을 건강하고 똘똘하게 키우는 지금의 제가 너무 아름답지 않나요?'

공 원장, 당신의 말에도 일리가 있지만 나는 내 여제자가 말하는 영혼의 아름다움이 진짜 불변하는 아름다움인 것 같아요."

그러자 공 원장은 발끈하며 반박했다.

"그 여제자는 너무 관념적이에요. 그 여제자는 아직도 여전히 자신의 얼굴과 몸매가 아름답다고 자신하기 때문에 육체적 아름다움이 별거 아니라고 말할 수 있는 거지요.

우리나라가 세계적으로 성형수술 1위라는 사실이 외모지상주의와 망국의 징조라고 걱정하는 사람을 이해하지 못하는 것은 아닙니다.

그러나 저는 생각이 달라요. 오히려 긍정적 측면이 더 많아요. 우선 의료 기술이 그만큼 발달했다는 것이고, 아름다움에 관한 갈망이 그만큼 강하다는 거예요. 아름다움이 권력이라는 것은 건강한 아름다움을 추구함으로써 삶의 활력소를 되찾고 힘을 가진다는 뜻이에요. 여성이 건강한 아름다움을 가지면 가정을 더 잘 꾸려나갈 수 있어요. 제가 추구하는 아름다움은 긍정적이고 적극적이며 건강한 아름다움이에요. 그러니까 쌍꺼풀이나 코 높이기와 같은 부분 성형보다는 거상수술이나 양악수술을 선호하고, 처음부터 끝까지 마음의 건강도 함께 강조하는 겁니다."

또 한 사람의 성형외과 의사는 위험하고 큰 수술보다는 쌍꺼풀 수술과 코 수술로 어느 정도 이름 있는 맹 원장이다.

"맹 원장은 다른 의사들과 달리 정형외과와 성형외과 두 가지 전문의 자격증을 다 가지고 있으면서도 비교적 쉬운 성형수술만 하는 것을 이해할 수 없어요. 보통 두 가지 전문의 자격증이 있으면 큰 수술을 해서 수입도 상당히 올릴 수 있을 텐데 왜 주로 눈이나 코 수술만 하는 거예요?"

나는 맹 원장도 한때는 잘나가는 성형외과 의사였다고 들었기에 궁금해서 물어보았다.

"제가 정형외과를 택했던 데에는 이유가 있어요. 의대 다닐 때

누나가 교통사고를 당해서 불구가 되었어요. 하나뿐인 누나가 휠체어를 타는 모습을 지켜보기가 힘들었어요. 그래서 누나를 위해서, 누나처럼 큰 사고를 당한 환자들을 치료하기 위해서 정형외과 전문의가 되기로 했던 거예요. 그런데 교통사고나 화재, 사고로 인해 얼굴과 몸이 만신창이가 된 사람들의 고통을 덜어주고 본래의 아름다움을 찾아주기 위해서 성형외과 전문의를 겸하기로 결심했지요."

"결국 인간의 아름다움에 눈을 뜨게 된 거군요?"

"저는 인간의 몸과 마음은 결국 하나라고 생각합니다. 몸 따로, 마음 따로라고 생각하지 않아요. 보통 육체만 아름답고 정신수양이 덜 된 여성을 일컬어서 백치미인이라고 하는데 성숙하지 못한 인간이겠지요.

저도 전문의로 5년 정도 일하면서 안면거상, 양악수술 등을 많이 해보았어요. 그런 수술은 조금만 실수해도 의료사고가 나고 온갖 잡음에 휩싸이게 되더라고요. 한계가 느껴져서 그동안 칭찬을 많이 들어온 눈, 코 수술에 전념하기로 작정하고 독립했지요.

저는 우주 만물은 물론이고 인간의 아름다움 역시 유기적 통일이라고 확신합니다. 그래서 나름대로 다양한 시뮬레이션을 만들어놓고 끊임없이 개선해 가고 있어요.

예컨대 환자가 쌍꺼풀이나 코수술을 원할 때 우선 면담을 해보고 수술하고자 하는 마음의 원인이 무엇인지 면밀히 살펴봅니다.

누가 보아도 별 이상이 없고, 본인 자신도 반드시 수술해야겠다는 욕망이 강하지 않지만 쌍꺼풀이 있으면 훨씬 예뻐 보일 거라는 친구들이나 형제들의 말에 자극받아 수술했으면 하는 경우가 있습니다. 이럴 때 저는 지금도 아름다우니까 하는 일을 더 열심히 하며 자신을 가꾸는 편이 좋겠다고 말해요. 아름다움은 인간의 유기적 조화와 통일이라고 강조합니다. 내 말에 수술을 포기하고 씩씩한 걸음으로 되돌아 나가는 여대생을 볼 때 저는 속으로 '저렇게 아름다운 여성도 꽤 많구나!'라고 중얼거립니다."

17세기부터 20세기까지는 자본, 생산 수단, 노동이 생산관계를 결정하는 자본주의의 사회였지만, 지금은 자본, 생산 수단, 노동 이외에 정보와 아이디어가 생산 관계를 결정하며 인간을 이끌어간다. 후기 자본주의 사회의 특징은 한마디로 상업주의다. 다시 말해 돈이 권력이고, 권력이 돈이다. 상업주의가 판치는 사회에서는 아름다움이 돈과 권력에 직결된다. 아름다워야 취직이 잘되고 아름다워야 결혼도 잘하고 아름다워야 타인들로부터 대접받는 사회는 자발적, 비판적, 창조적 인간성이 결여된 인형들의 사회이므로 긍정적 미래를 기대할 수 없다.

스물넷,

추함은 극복 가능한가

인간이 추구하는 이상적이고도 바람직한 최고의 가치로서 진선미가 있는데, 진은 앎의 가치, 곧 인식론적 가치다. "진짜야, 가짜야?"라는 질문은 참다움[眞]과 그릇됨[假] 두 가지를 다 물어보지만 궁극적으로 알고 싶은 것은 인식론적 가치인 진이다.

학문은 인식론적 가치의 대상에 대한 역사, 문화적 탐구가 축적된 것이다. 그러나 참다운 것을 알기만 해서는 인간다운 인간이 될수는 없다. 실천적으로 선하게 행동해야지만 바람직한 인간상을 형성할 수 있다.

선은 윤리적 가치다. 칸트는 하늘에는 반짝이는 별이 있고 자신의 마음속에는 도덕법칙이 있다면서, 실천 이성이 이론 이성보다 우위에 있다고 했다. 이 말은 실천이 이론보다 인간에게 더 가치 있고 소중하다는 뜻이다. 이성적(또는 지성적) 이론이 윤리적 실천보다 더 가치 있는지, 아니면 칸트의 주장처럼 윤리적 실천이 이성적 이론보다 더 중요한지는 논란의 여지가 많다. 그러나 사람들은 보통 실천이 이론보다 가치 있다거나 실천과 이론은 합일해야 한다는 입장을 지지한다.

그런데 아리스토텔레스는 칸트와 다른 견해를 가지고 있었다. 선한 행동이 행복을 가져오는 것은 확실하지만, 선한 행동을 하기 위해서는 반드시 선이 무엇인지 알아야 하므로 이론이 실천보다 앞선다는 것이다. 이분법적 사고방식에 젖어 있으면 이처럼 갑론을박이 끊이지 않고, 사유와 문화는 부단히 완전성과 절대성을 향해 질주할 수밖에 없다.

아름다움의 가치는 두말할 필요도 없이 미(美)다. 진리 추구는 학문의 영역에 속하고, 선한 행동의 실천은 윤리 도덕 및 종교에 속하며, 미는 예술의 영역에 속한다. 산, 구름, 바다, 벌판, 해변, 숲 등의 아름다움은 자연미이고, 건축, 조각, 그림, 교향곡, 오페라 등과 시, 소설, 드라마, 뮤지컬과 영화, 연극 등 예술작품의 아름다움은 예술미다. 아름다움이 무엇인지 물으면 역사 문화적, 사회적 상황에 따른 다원적인 정의가 가능하다. 그러나 기본적으로는 "인간의 마음에 어떤 사물이나 사태의 조화와 유기적 통일이 가져다주는 쾌감의 성질"이다. 따라서 쾌감은 자연적으로 조화와 유기적 통일을 체험하는 것이어야 한다.

그러나 쾌감에는 여러 종류가 있는데 모든 쾌감이 아름다움을 느끼는 것일까? 예컨대 몇 끼 굶다가 맛있는 음식을 배부르게 먹었을 때의 쾌감도 아름다움인가? 사람은 본능적인 욕망 충족에서 극적인 쾌감을 느낀다. 그렇지만 본능적 욕망 충족을 가능하게 해 주는 대상의 성질을 아름답다고 생각하기는 어렵다. 아름다움은 조화와 유기적 통일감이 있어야 하기 때문이다.

아름다움이 어떤 특징을 지니느냐에 따라서 숭고미, 해학미, 비장미, 골계미, 추미(醜美) 등으로 나누기도 한다. 높은 산에 올라가서 한눈에 광활한 자연경관을 바라볼 때 말로는 감히 표현하기 힘든 숭고한 아름다움을 느낀다. 자연에 대해서도 그렇지만 인간의 행동에 대해서도 숭고미를 말할 수 있다. 한센병 환자들을 돌보면서 가난하고 병든 사람을 위해 헌신한 테레사 수녀의 행동은 숭고미 그 자체다. 숭고미는 쾌감의 극치. 골계미와 해학미는 비슷한 면이 있지만 해학미는 골계미보다 한층 더 세밀하고 깊이가 있다. 골계를 익살이라고 하면, 해학은 익살과 풍자가 섞인 것이다. 텔레비전에서 흔히 접할 수 있는 코미디는 골계미를 보여준다. 그러나 수준 높은 코미디는 익살과 풍자를 겸비한 해학미를 목적으로 삼지 않으면 안 된다.

비장미는 숭고미와 겹치는 경우가 많다. 인간의 고귀한 행동에서는 숭고미와 아울러 비장미를 느낄 수 있다. 예수나 소크라테스의 최후의 모습은 숭고미와 아울러 비장미를 느끼게 한다. 예수의 어머니 마리아는 십자가에 못 박혀 고통스러워하는 예수를 바라보며 오열한다. 꺼져가는 목숨 앞에서 예수는 힘을 내어 "여인아, 울지 말라"라고 말한다. 그리고 고통에 몸부림치면서 예수는 하나님에게 절규한다. "왜 나를 이렇게 고통스럽게 하십니까?" 그러나 마지막 순간 예수는 드디어 안식을 찾으면서 이렇게 말한다. "뜻대로 하소서." 그의 마지막 말은 이루 말할 수 없는 벅찬 감동을 느끼게 하여 나는 눈물을 흘리곤 했다.

미학이나 예술 철학에 관심이 없을 뿐만 아니라 일상생활 속에서 참과 거짓, 선과 악, 아름다움과 추함의 이분법적 사고방식에 익숙한 사람들은 추미라는 말을 들으면 고개를 갸우뚱하기 쉽다. 이는 두 가지 차원에서 이야기할 수 있는데, 하나의 자연 대상이나 예술작품이 부분적으로는 보기 흉하고 추하더라도 전체적으로 조화와 유기적 통일의 느낌을 줄 경우다. 다른 하나는 표면적으로 보기에는 무질서하고 통일성을 결여하고 있어서 추하지만, 내면의 진한 아름다움이 우러나와서 외면의 추함을 극복하는 경우에도 추미라고 할 수 있다.

예컨대 앤서니 퀸이 열연한 영화 〈노트르담의 꼽추〉에서 에스메랄다를 짝사랑한 콰지모도를 보면 가슴 뭉클한 추미를 느낀다. 눈길 한 번, 손길 한 번도 사랑으로 알고 목숨까지 바쳐가며 에스메

랄다에게 헌신하는 콰지모도의 태도는 흉측하고 못생긴 외모를 넘어서 아름다움을 느끼게 하기 때문이다.

추미는 추한 아름다움으로 이해될 수도 있지만, 추함을 극복한 아름다움이라는 편이 더 적절하다. 추함을 극복하기란 말처럼 쉬운 일이 아니다. 인간이란 몸과 마음이 정리되지 않고 어지러우면 무슨 짓을 할지 예측할 수 없는 악마와도 같다. 그래서 성형수술에 매달리는 사람이 생기는 것이다. 외모가 못생겼다고 자타가 인정하면 당사자는 불안에 휩싸이면서 좌절과 절망 속에서 삶의 의욕마저 상실하고 만다.

인간도 동물인지라 약육강식, 자연도태, 적자생존이라는 생물학적 이론에서 벗어나기 힘들다. 추한 인간은 그렇지 않은 인간에 비해서 약자다. 그러나 인간관계에서 문제를 일으키고 사회 적응이 곤란한 병적인 외모와 못생긴 것을 구분할 필요가 있다.

홀로서기는 빠를수록 좋다. 홀로서기란 남들과 상관없이 자신은 문제는 혼자 해결하고 결정한다는 뜻이 아니다. 이는 주체적 인간성의 형성을 뜻한다. 현실을 인정하고 나 자신이 삶의 주인이 되어 당당한 자세로 문제 해결에 임하는 것이다.

과연 추함은 불안의 원천인가? 추하면 인간관계에서 소외당하고 좌절과 절망의 끝자락을 맛보아야만 할까? 공옥진 여사의 곱추 춤이나 테레사 수녀의 굽은 허리와 깊은 주름살을 떠올리면, 추미가 숭고미, 비장미와 불가분의 관계를 맺고 있다는 생각이 든다. 추미는 결코 추한 아름다움도 아니고, 추함에 대립되는 아름다움도 아니다. 추하지만 추함을 극복한 아름다움은 더욱 아름답다.

스물다섯,

아름다움을 향한
무한한 욕망의 근원은 무엇인가

금년 여름은 유난히 무더웠다. 에볼라 바이러스가 아프리카 여러 나라에 퍼져서 전 세계가 비상사태에 돌입하기도 했다. 그렇지만 언제 그랬냐는 듯 선선한 가을이 찾아오고 예년보다 춥고 눈많은 겨울이 다가온다. 그저 신비하기만 하다. 어슬렁거리면서 산책하다가 이름 모를 야생화를 들여다보면 작은 꽃잎 뒤에 벌레 알이 다닥다닥 붙어 있다. 생명의 신비다. 세상 만물 모든 것이 어느한 가지 신비스럽지 않은 것이 없다.

비교적 긴 세월을 살아오면서 이해하기 힘들고 신비롭기만 한 또하나의 사실은 인간의 욕심이다. 동물은 먹을 만큼 먹으면 더 이상 먹을 것에 욕심을 내지 않고 자리를 뜬다. 그런데 인간에게 물든 개는 먹을 만큼 먹고도 탐욕의 노예가 되어 물러서지 않고 다른 개들이 먹지 못하게 으르렁거린다. 인간의 탐욕은 끝이 없고, 이러한 탐욕이 개에게도 전염된 모양이다. 언제부터인가 인간은 무소불위의 존재가 되어 이 세상에서 못할 것은 아무것도 없다는 자신감에 부풀어 탐욕을 마음껏 부풀리고 있다.

마약이나 알코올 중독도 이유야 있겠지만, 결국에는 탐욕의 결과다. 담배를 끊지 못하는 이유는 니코틴 중독이고, 니코틴 중독은 탐욕의 결과다. 술이나 담배는 쾌감을 가져다주기도 하지만, 치명적인 중독 증세도 동반한다. 그러나 인간은 지성이라는 마법의 능력을 동원하여 '항상 적당히 피우고 마시기 때문에 기분 좋을 정도로 그치잖아. 결코 중독이 아니야. 너무 심하면 중독이 되지만 항상 잘 콘트롤하고 있어'라는 식으로 스스로 위안한다.

인간의 욕망은 한이 없다. 어떻게 보면 문명이나 문화 역시 욕망의 산물인 것 같다. 욕망은 힘이다. 우주 만물의 힘은 자연적인 것으로, 언제나 적절하게 움직이고 표현된다. 그러나 인간의 욕망은 다른 존재(특히 동식물)의 욕망에 비해 병적으로 무한하다. "아흔아홉 석을 가진 부자는 100석을 채우려 한다"는 말처럼 인간의 돈에 대한 욕망은 무한하다. 주식으로 큰돈을 벌려다가 한꺼번에 날리고 쪽박 차는 신세가 되었다는 사람을 심심찮게 볼 만큼 돈에 대한 인간의 욕망은 무한하다. 돈이 완전하고 절대적인 행복을 약속하는 것도 아닌데, 절도, 강도, 살인 등이 모두 돈 욕심 때문에 일어난다.

권력욕과 명예욕 역시 무한하다. 교수이면서도 국회의원 한자리 하고 싶어서 이리저리 기웃거리면서 어떻게든 그 꿈을 버리지 못하는 사람도 있고, 명예를 누리기 위해 정당하지 못한 방법으로 남의 공을 가로채는 사람도 있다. 그러나 그런 욕망 역시 공허한 것이라 밑 빠진 독처럼 끝이 없다.

마음의 눈을 돌려 지식, 도덕, 종교, 예술, 기술 등을 살펴보면 그 바탕에는 인간의 욕망이 깔려 있다. 그런데 욕망 충족은 권력 행사와 마찬가지다. 미셸 푸코는 『성의 역사』에서 성에 관한 지식이 권력에 따라 변한다고 했다. 이 말은 진리가 권력을 따라 다닌다는 뜻이다. 대표적인 예가 지동설과 천동설인데, 중세 기독교 사회에서는 하나님이 자신을 닮은 인간을 창조한 지구는 우주의 중심이어야 하므로 움직이는 별이 될 수 없었다. 그러나 천문학이 발달하면서 지구가 태양 주변을 돌고 있다는 지동설이 점차 권력의 편에 서게 되었다. 진리는 물론이고 선과 미 역시 권력과 불가분의 관계를 맺고 있는 것이다.

권력은 좁게는 정치권력, 넓게는 힘을 뜻한다. 힘의 원천은 무의식적 충동이고, 어떤 종류의 아름다움이든 힘이다. 인간은 지구상에서 유일하게 고도의 지성과 욕망을 겸비한 존재다. 인간이 아름다움을 향한 무한한 욕망을 가지고 목숨까지 거는 이유는 아름다움을 절대 권력이라고 믿기 때문이다. 그러나 육체의 아름다움을 얻기 위해 발버둥칠수록 내면의 정신은 한없이 추해진다는 사실을 모르는 것은 인간의 숙명이기도 하다.

스물여섯,

아름다움은 어떻게 아는가

지구상에서 오로지 인간만이 도덕, 학문, 예술, 종교 등의 종합체인 문화를 발전시킬 수 있었던 이유는 무엇일까? 진화론과 고고학에 의하면 신경세포 수의 기하학적 증가일 것이다. 앞의 문제와 함께 아름다움의 문제도 이러한 관점에서 설명이 가능하다. 보고 느끼고 아는 것이 전부는 아니라는 말이다.

흄과 같은 경험론 철학자는 매우 솔직한 사람으로, 비트겐슈타인이 비난하듯 "어리석기 짝이 없는 거짓말쟁이 철학자"는 아니었던 것 같다. 흄의 인식론을 간단히 소개하면 다음과 같이 말할 수 있다.

"우리는 어떻게 아는가? 보고 만져서 알 수 있다. 원래 이성과 같은 것은 인간에게 존재하지 않는다. 감각 경험에 의해 우선 우리들의 마음에 생생한 인상이 새겨진다. 그 후 인상은 덜 생생해지면서 관념으로 변한다. 예컨대 초록색 잎과 굵은 줄기가 인상으로 남았다가 희미해지면 '플라타너스 한 그루'라는 관념이 생겨서 대상에 대한 앎이 생긴다.

그렇다면 수학, 논리학, 철학, 신학 등 비교적 추상적이며 복잡한 관념의 지식은 어떻게 생기는 것일까? 모든 지식의 기초는 인상과 관념이지만, 복잡한 지식은 일차적으로는 인상과 관념을 근거로 삼아 습관적인 몇 가지 법칙에 의해 형성된다. 이는 연상 법칙으로 인과성의 법칙, 근접성의 법칙, 유사성의 법칙을 가리킨다.

어떤 사람이 복권에 당첨되었을 경우 어젯밤에 꾼 돼지꿈을 연상한다. 또 왕이나 부자는 태몽이 용이거나 돼지였다고 연상한다. 연상 법칙은 불변하는 것이 아니고 언제나 변할 수 있는 습관적인 법칙이다. 그중 인과성의 법칙이란 특정한 원인이 있으면 특정한 결과가 생긴다는 것으로, '때리면 아프다'는 인과성의 법칙에 따른 표현이다. 그런데 인과성의 법칙은 영원불변하는 것이 아니다. 때려도 아프지 않을 수 있고 비가 와도 땅이 젖지 않을 수 있다.

이와 마찬가지로 근접성의 법칙과 유사성의 법칙도 인간이 습관적으로 연상하거나 상상하는 것에 불과하다."

흄의 인식론(앎의 이론)의 관점에서 보면 아름다움은 습관에 의해 결정된다. 즉, 아름다움의 대상과 아름다움이라는 관념은 습관에 의해 형성되는 셈이다. 습관이 수시로 변한다고 생각하기 쉽지만 언어나 사유 또는 문화를 형성하는 습관은 약육강식, 적자생존 및 자연도태라는 범주 안에서 그 힘을 발휘한다.

나는 흄을 따라 아름다움을 습관적 아름다움이라고 생각한다. 다른 사람이 아름답다고 하면 나도 아름답게 느껴진다. 그런데 아름다움은 무엇이고, 인간은 왜 아름다운 예술작품을 창작하며 아름다운 대상을 원하고 자기 자신도 아름다워지려 하는가?

길고 긴 인류의 역사를 통해 인간은 생존을 위해 몸부림쳐왔지만, 느림과 여유의 삶을 맛보는 순간 인간은 가치를 창조하고 맛보면서 진선미, 곧 인식론적 가치, 윤리적 가치 및 미적 가치가 종합적으로 표현된 문화를 창조하게 되었다. 이런 면에서 인간의 삶은 축복인가, 아니면 저주인가? 인간은 자유의지에 의해 스스로의 삶과 문화를 결정한다. 그러나 넓게 보면 인간의 삶은 거대한 우주에서 티끌만도 못한 것이다. 왜 아름다움인지 물음을 던지는 관점은 넓은 관점을 전제로 느림과 여유 속에서 맛볼 수 있는 좁은 관점이다.

오래전부터 인간은 완전하고도 절대적인 진선미가 영구불변하게 존재한다고 확신했다. 신, 천(天), 도, 실체 등을 비롯해서 영혼, 요정 등도 영원불변하는 대상이었다. 생사의 갈림길에서 불안, 좌절, 절망에 직면해야 하는 인간에게는 이상, 완전성, 절대성, 불멸, 영원 등과 같은 관념은 희망이요, 꿈이었다. 그러니 왜 인간이 아름다움에 매달리는지 쉽게 이해할 수 있다.

문제는 완전하고 절대적이며 영구불변하는 아름다움의 관념이다. 이런 관념에 직접적으로 가장 크게 기여한 것이 철학자다. 예컨대 플라톤, 칸트를 비롯해서 관념론 철학자들은 영원한 아름다움을 확신했다. 플라톤에 따르면 아름다움의 현상과 아름다움의 이데아가 존재한다. 눈에 보이는 산이나 여인은 아름다움의 현상이고, 이들 현상의 원천은 우리들이 정신적으로 사유하는 산의 이데아나 여인의 이데아다. 불변하는 정신적 산의 이데아를 모방한 것이 눈에 보이는 아름다운 산이고, 마찬가지로 정신적인 여인의 이데아를 모방한 것이 눈에 보이는 아름다운 여인이다.

그런데 플라톤이 '정신적으로 사유한다'는 것은 이성적으로, 수학적으로 논증한다는 것인데, 플라톤에게 정신, 사유, 이성, 수학 등이 과연 영구불변과 무슨 관계가 있는지, '영구불변'이라는 개념이 변화무쌍한 인간의 습관에 의해 만들어진 것은 아닌지 묻고 싶어진다. 인간은 플라톤적 사상과 마찬가지로 플라톤적 아름다움, 곧 완전하고 절대적인 아름다움이 존재한다고 확신하고 수단과 방법을 가리지 않고 아름다움을 쟁취하려 한다. 위험한 성형수술에 몸을 내맡기는 것은 아름다움을 얻으면 완전성과 절대성의 근처라도 갈 수 있다는 희망이 있고, 사회적 권력에 근접함으로써 지금까지 맛보지 못한 권력 충족 욕망을 실현할 수 있기 때문일 것이다.

뉴스에서 한국이 세계 성형 1위라는 소식을 접할 때마다 이 현상을 어떻게 이해해야 할지 고민된다. OECD 국가 중 청소년 자살률 1위, 불행지수 1위라는 것도 성형이 성행하는 상황과 밀접한 연관성이 있지는 않을까 하는 생각이 든다. 군대에서 사병이 괴롭힘을 당하다가 심한 구타로 죽음에 이르렀는데 군대 내에서 숨기고 넘어가려던 사건이 커다란 사회문제로 대두되었다. 여학생이 남자 친구들과 작당해서 친구를 잔인하게 살해한 사건도 있었다. 구원파라는 일종의 기독교의 우두머리 구원자가 자식들과 함께 출처가 어딘지 명확히 모르는 몇 백억, 몇 천억의 돈을 가지고 수많은 기업체들을 운영하다가 세월호 참사의 핵심 책임자로 지목되기 시작했다. 그 구원자는 세상의 죄인들을 구원할 마음은 없었는지 궁색하게 도망다니다가 매실 밭 근처에서 사망 원인을 밝힐 수 없을 정도로 부패된 시신으로 발견되었다고 한다. 이렇듯 무질서와 혼란과 불안이 사회를 지배하고 있다.

40여 년 전을 돌아보면 사회의 무질서가 워낙 심해서 무질서나 혼란 또는 불안을 입에 담을 여유조차 없었다. 나의 청춘 시절은 암흑과 좌절 그 자체였다. 지금은 우리나라 자살률이 세계 1위라고 하는데 1960~1970년대에 비하면 여유가 있으니까 자살할 생각도 하지 않겠느냐고 반문할 수도 있을 것 같다. 6·25전쟁과 1·4후퇴 때는 총과 포탄 앞에서 살아남으려는 동물적 생존본능밖에 없었다. 입에 풀칠하기 어려워서 '성형수술'과 같은 단어도 없었다. 여자들은 미군 PX에서 흘러나온 '구리무'의 향긋한 냄새만 맡아도 아름다워지는 것으로 알았다.

세월이 흘러 지금 세계 수출 10~12위를 오르내리고 1인당 소득 2만 달러가 넘어섰다. 배도 웬만큼 채웠으니 슬슬 외모에도 관심이 생긴다. 그런데 외모와 사회 권력이 긴밀히 연결되어 있고 외모만 갖춰져도 결혼, 취직, 인간관계 등이 눈 녹듯이 해결되는 현실을 체험할 때 아름다움에 목을 매지 않을 수 없게 된 것은 아닐까?

앞에서 '대상이나 사태의 조화와 유기적 통일'을 일컬어서 아름다움이라고 했다. 조화와 유기적 통일은 미적 가치로 감각적 가치, 형식적 가치, 삶의 가치로 구분된다.

미적 관찰자의 입장에서 자연이나 예술작품을 감상할 때, 이해타산이나 계산 없이 순수하게 대상을 느끼면서 정말 아름답다고 생각한다. 쾌감과 아울러 만족을 느끼기 때문이다. 기와의 곡선, 저녁해가 넘어가는 산마루의 능선, 고려청자의 신비스러운 광채, 거문고의 청아한 음 등을 접할 때 감각적인 즐거움과 만족을 느끼는데, 감각적 쾌감은 감각적 가치다.

그러나 예술이 문화의 중요한 요소가 된 이후로 아름다움의 가치에서 가장 비중 있는 기준이 된 것은 형식적 가치다. 형식적 가치는 감각적 가치보다 훨씬 포괄적이다. 사람들이 추구하는 외모의 아름다움은 감각적 가치로 그치고 만다. 그런데 형식적 가치는 대상(자연과 예술작품)의 조직, 색깔 또는 음조 등을 포함하면서 조화로운 관계를 맺게 한다. 음악의 경우, 장조와 단조의 가락은 많은 음으로 구성되는데, 서로 다른 음이 연관되어 동일한 음 관계의 연속이 성립한다. 동일한 음 관계의 연속은 감각적 가치를 넘어서서 형식적 가치를 나타낸다.

그런가 하면 빛깔이나 형태의 연속적 관계는 미술작품의 아름다움을 성립하게 한다. 색깔과 형태, 음, 단어의 배열 등은 예술작품을 형성하는 매체로, 색깔과 형태는 미술작품을, 음은 음악을, 단어의 배열은 문학작품을 형성하는 매체다. 이는 예술작품에 다양성을 갖춘 조화와 통일을 부여함으로써 아름다움을 느끼게끔 한다. 페퍼(S. Pepper)의 『예술 평가의 원리』에서는 단조로움과 혼란은 아름다움의 적이라고 했다. 음악이 처음부터 끝까지 단조롭기만 하다면 아름다움을 느끼지 못한다. 미술이나 문학도 단조롭거나 혼란하다면 미적 가치가 떨어지는 것으로 평가받는다.

페퍼는 단조로움과 혼란을 피하고 미적 가치, 곧 아름다움을 찾기 위한 네 가지 원리를 제시했다. "예술작품에는 부분 사이의 적절한 대비(對比)가 있어야 한다. 성악곡이나 기악곡이 고음과 저음으로 적당히 나뉘어 있지 않고 처음부터 끝까지 고음이나 저음으로만 배열되어 있다면 단조롭기 짝이 없을 것이다. 그리고 하나의 감각 성질로부터 다른 감각 성질로 이동할 때는 조화롭게 이동해야 한다. 그림에서 붉은색은 주황색을 거쳐 점차로 다른 색으로 옮겨가야 자연스럽다. 다음으로는 주제의 변화가 있어야 한다. 가을이라는 큰 주제를 가진 그림이 있다고 하자. 단풍, 산, 들판, 농부

등의 다양한 이질적 소주제가 있어야 미적 가치가 더 크다. 마지막으로 관심의 억제가 중요하다. 시간의 지속과 공간적 범위를 적절히 배분함으로써 미적 가치가 사라지지 않게 해야 한다. 즉, 예술작품이 표현하는 시간과 공간을 알맞게 정함으로써 지나치게 짧은 시간과 좁은 공간 또는 무한한 시간과 공간을 피할 필요가 있다."

마지막 미적 가치는 삶의 가치다. 예술작품에는 매체(색깔이나 형태, 음, 단어의 배열)가 아니라 예술 외부의 현실적 삶에서 작품으로 스며드는 아름다움이 있다. 르누아르의 〈목욕하는 여인들〉, 김홍도의 풍속도, 피카소의 〈게로니카〉 등을 볼 때 관찰자는 매체를 수단으로 삶의 아름다움을 마음속에 연상한다.

인간은 인류 역사의 처음 단계에서 문화의 창조자로 등장했다. 문화의 창조자에게 이미 아름다움의 추구는 숙명이 되었다. 그러나 조화롭고 유기적인 통일로서의 아름다움이 아니라 일그러진 아름다움, 외모 지상주의, 상업주의로 포장된 아름다움만 숨차게 뒤쫓고 있는 현실은 문제다. 결혼, 취직, 인간관계, 불만을 해결하기 위한 아름다움의 쟁취는 아름다움이 사회적 권력임을 보여주며, 이는 조화와 유기적 통일로 인한 만족감과는 거리가 멀다.

우리 사회는 단조롭고 혼란스럽다. 사회 구석구석에서 추하고 부패한 악취가 진동한다. 조화롭고 유기적인 통일을 맛보기 위해서는 심오한 반성과 비판이 수반되는 다양한 삶의 체험이 필요하다.

스물일곱,

창조적 예술미는 실현되는가

고대 그리스의 플라톤으로부터 현대 독일의 니체에 이르기까지 예술 및 예술의 아름다움이 어떻게 정의되었고 변화했는지 살피면서, 창조적 예술미는 어떤 것이고 과연 가능한 것인지 자문해 보자.

플라톤보다 200년 앞서서 시인 호메로스는 『일리아드』에서 아킬레스의 방패를 "놀랄 만한 작품"이라고 표현했다. 이러한 표현은 대상의 모사에 대한 최초의 경탄이었다. 호메로스와 헤시오도스는 예술가가 아름다움을 창조하는 영감이 '신성한 힘'이라고 했다. 아름다움의 근원이 신성한 힘이라는 것은 아름다움이 영원하며 불변한다는 사실을 의미한다.

젊은 남녀뿐만 아니라 남녀노소를 막론하고 누구든지 아름다워 지려고 한다. 오래전부터 인간은 영원한 진리와 함께 영원한 선, 영원한 아름다움이 불변하게 존재한다고 믿었다. 그렇기에 인간은 정신적 아름다움은 물론이고 외적인 아름다움을 쟁취하기 위해서 목숨까지 담보로 한다. 그러나 고대 그리스로부터 현대사회에 이르기까지 가장 많이 거론되는 아름다움은 예술적 아름다움이다.

고대 그리스의 서정시인 핀다로스에 의하면, 예술가의 영감은 천품, 곧 천재이고 신의 선물로서 예술미를 창조한다. 그러나 예술미를 표현하는 재주는 예술가의 능력이므로 아무나 천재가 될 수 없다. 소크라테스 이전의 철학자이자 수학자인 피타고라스는 음정이 현의 길이의 비율에 의존한다는 사실을 발견하고 이를 자연 세계에 일반적으로 적용했다. 피타고라스학파는 음악적 수 이론으로 정교한 윤리론을 세우고 마음을 치료하는 음악 이론을 전개했다. 그들은 끊임없이 수학과 철학을 연마함으로써 영혼의 조화를 얻을 수 있다고 믿었는데, 조화(harmonia)는 처음에 기본 음정의 뜻을 가지고 있었다.

플라톤은 여러 대화편에서 예술 및 예술미에 대해 언급했다. 그러나 아리스토텔레스처럼 독자적인 예술철학이나 미학이라기보다는 예술과 예술미를 철학보다 하위에 속하는 영역으로 다루었다. 플라톤에 의하면 시각예술에는 건축, 조각, 회화가 속하고, 춤과 노래는 음악 예술에 속하며, 서사시, 서정시, 극시는 문학예술에 속한다. 시를 읽으면서 아름다움을 느낀다면, 단어를 보고 소리 내어 읽으면서 단어의 의미를 느낌으로써 아름다움을 체험한다는 뜻이다.

플라톤은 목공 예술에서 정치에 이르기까지 제작하고 행동하는 모든 재주를 일컬어서 기술이라고 부른다. 그러니까 기술은 넓은 의미에서 예술이다. 기술은 획득 기술과 생산 기술로 나뉜다. 획득 기술은 타고난 기술이고, 생산 기술은 신이 제작한 계획이나 요소인 현실의 생산과 인간이 만든 집이나 수레와 같은 이미지 생산으로 구분된다. 이미지는 원래 불변하게 존재하는 것의 모사 내지 상이라서 원래의 것보다 기능이 떨어진다. 모사하는 자(예술가)는 원형에 닮은 꼴을 생산할 수 있고, 이는 원형과 동일한 속성을 가진다. 닮은꼴이 원형처럼 보이는 것은 닮은꼴이 원형과 유사성을 갖고 있기 때문이다. 그렇지만 모사는 불변하는 원형이 아니므로 불완전할 수밖에 없다.

플라톤의 미학에서 가장 이해하기 어려운 용어 중 하나가 모방이다. 모방은 '참여, 같은, 닮음' 등의 의미로 사용된다. 회화, 극시, 노래 등이 모방인 이유는 창조된 것이 영원한 원형 또는 이데아의 모방이기 때문이다. 모사물은 영원불변하게 실재하는 형상(원형)이 아니므로 가장 낮은 단계의 앎의 능력인 추측에 의해 파악된다. 플라톤은 추측, 신념, 수학적 인식, 순수 사유라는 네 단계 인식 능력과 각각이 파악하는 대상, 즉 유사물, 생명체, 수학, 원리를 제시한다. 예컨대 화가가 침대를 그릴 경우 침대 자체를 만드는 것이 아니라 침대가 눈에 보이는 대로 원래의 침대에 유사하게 그리는 사이비 기술이다. 플라톤은 화장술도 얼굴 자체를 변화시키는 것이 아니므로 사이비 기술이라고 했다.

아름다움으로 가는 과정을 플라톤은 어떻게 표현할까?『잔치』에서, 아름다움에 대한 사랑을 지닌 사람은 신체의 아름다움으로부터 정신의 아름다움으로 나아가고, 제도, 법, 학문의 아름다움을 거쳐 마지막으로 아름다움 자체에 도달한다고 말했다.

플라톤이 보는 아름다움은 어떤 것일까? 대화편『필레보스』에서, 아름다운 사물은 수학적 척도에 의해 부분과 부분의 적절한 비율에 따라 신중하게 만들어진다고 말했다. 척도의 성질과 비율은 변하지 않고 아름다움과 탁월함을 구성한다. 아름다움 자체는 수학적 척도에 의존하기 때문에 이데아계에서 매우 높은 위치를 차지한다. 그런데 예술작품은 모사의 모사이므로 예술에 해당되는 지식은 참다운 인식이 될 수 없고 속견에 지나지 않는다. 즉, 예술은 추측이나 신념에 해당된다. 영원한 이데아계에 대한 지식은 참다운 인식이지만, 이데아계를 모방한 현실의 현상계는 모사다. 이데아계의 모사인 현상계의 사물을 또다시 모방하는 예술은 모사를 모사한 것이므로 낮은 단계의 속견에 불과하다는 것이다. 예컨대 호메로스는 위대한 서사시인이지만 그 자신은 무엇을 말하고 있는지 모르고, 왜 자신이 옳은지, 또는 그른지 알지 못하기 때문에 가장 낮은 단계의 지식 수준에 머물러 있다는 것이다.

그렇지만 플라톤은 모든 예술작품을 무가치하다고 여기지는 않는다. 어떤 예술작품은 아름다움을 구현하고 특정한 이데아에 직접 관계하고, 어떤 음악가의 광기는 신성함의 산물이어서 이데아에 접근할 수 있게 해준다. 나아가서 예술은 인간 영혼의 특징을 묘사할 수도 있다. 춤이나 노래를 옳게 판단하는 사람은 이데아의 본성에 대한 지식을 가져야만 한다. 또한 신체에 관해서 정확히 알아야만 하고 모사물을 만드는 탁월한 지식을 필수적으로 소유하지 않으면 안 된다. 그러데도 현상계는 이데아계의 모사물이고, 예술작품은 현상계의 모사물이므로, 예술은 속견으로 남을 수밖에 없다.

플라톤이 생각하기에 최고의 기술은 예술작품에 대해 언급할 수 있는 입법자와 교육자의 기술이다. 입법자와 교육자의 역할은 사회질서를 유지하는 것으로, 예술(작품)이 백성들에게 어떤 영향을 미치는지 알아야 한다. 예술에는 향유 가능성이 있어서, 예술이 아름다운 한 무해하고 순수한 기쁨을 선사한다. 그러나 비극이나 희극과 같은 극시는 고함치고 울부짖는 등 바람직하지 못하게 행동하는 무가치한 인물을 표현해서 관객을 지나친 울음이나 웃음으로 유도한다. 따라서 극시는 관객에게 해로우며 무가치한 영향을 초래한다.

플라톤은 대화편 『국가』에서 신과 영웅의 비도덕적 행동에 대한 이야기가 청년의 교육에서 배제되어야 하고, 사람들을 무기력하게 만드는 음악은 기운찬 음악으로 대치되어야 한다고 주장한다. 그는 음악이 수학적이므로 청년 교육에 음악이 필요하다고 했다. 플라톤은 예술에 대한 지식이 저급한 속견이므로 예술을 엄하게 검열하고 통제하기를 주장하면서도, 다른 한편으로는 아름다움과 긴밀하게 연관된 척도가 선이나 덕과도 밀접한 관계를 맺고 있다고 보았다. 최선의 시, 음악, 춤 등은 청년 교육에 불가결한 수단일 뿐만 아니라 그들을 덕스럽게 만든다. 창조적 예술가의 아름다움과 선은 시민의 아름다움 및 선과 마찬가지로 보편적 아름다움과 선의 이데아에 참여한다는 것이다.

아리스토텔레스의 『시학』은 오늘날의 미학과 예술철학의 초석으로서 지대한 영향을 끼쳤다. 소크라테스(기원전 470~399년), 플라톤(기원전 427~347년), 아리스토텔레스(기원전 384~322년) 세 사람은 인류문화의 위대한 세 스승들이다. 공교롭게 플라톤은 소크라테스보다 43년이나 어린 소크라테스의 제자이고, 아리스토텔레스는 플라톤보다 43년 어린 플라톤의 제자다. 실천적 철인(哲人) 소크라테스의 사상은 제자 플라톤에 의해서 종합적인 철학으로 전개되었고, 플라톤의 종합적인 사유는 그의 제자 아리스토텔레스의 의해서 오늘날 거의 모든 학문들의 모태가 되는 분석적 학문으로 전개되었다고 말할 수 있다. 아리스토텔레스는 『시학』에서 시예술에 대한 정의를 탐구 주제로 삼았다. 그가 말하는 시예술은 예술이라고 이해해도 무방하다. 사유에는 세 가지 종류가 있는데 앎, 실천, 제작이다. 시를 산출하는 사유, 곧 예술은 제작이다. 제작은 사건이나 대상의 표현, 즉 모방을 말한다. 아리스토텔레스는 모방 예술이 색깔과 소묘(스케치)에 의해 시각 현상을 모방하는 예술과 시, 노래, 춤을 통해 인간의 실천을 모방하는 시예술로 구분된다고 말한다. 시예술은 단어, 선율, 율동 등의 매체에 의해 미술과 구분 되고, 모방하는 대상에 따라 역사나 철학과도 구분된다.

아리스토텔레스는 연극과 서사시에 가장 관심을 기울이면서 훌 륭한 비극이 어떤 것이고, 비극을 훌륭하게 만드는 것은 무엇이며, 예술적 탁월함과 열등함의 원인은 무엇인가라는 물음을 제기한다. 비극의 기능은 적절한 쾌락, 곧 특정한 종류의 즐길 만한 경험을 제공하지 않으면 안 된다. 그러므로 쾌락의 본성이 결정될 수 있다 면 어떤 비극이 다른 비극보다 더 월등하다고 말할 수 있는 기준이 마련될 것이다.

앞에서 언급한 네 원인은 아리스토텔레스의 존재론적(형이상학 적) 개념들이다. 질료인은 재료의 원인이고, 형상인은 기능(원리)의 원인이고, 작용인은 말 그대로 작용의 원인이고, 목적인은 사물들 이 가지는 궁극적인 목적의 원인이다. 그런데 질료인은 작용인과 그리고 형상인은 목적인과 일치하므로 크게 보면 자연 존재자들의 원인은 질료인과 형상인 두 가지라고 해도 무방하다. 『시학』에서 아리스토텔레스는 비극예술의 본질을 찾기 위해서 존재론적 네 원인을 비극 예술에서 찾으면 비극예술의 본질을 밝힐 수 있다고 본 것이다. 비극예술의 근거를 알 수 있다면 예술일방의 근거도 알 수 있으며 따라서 아름다움의 근거도 알 수 있게 된다.

아리스토텔레스에 의하면 모방은 지극히 자연스러운 것이고, 모방을 아는 것은 즐거운 일이다. 비극 예술은 두렵거나 가련한 사건의 모방이다. 어떤 대상을 모방함으로써 연민과 공포를 느끼는 것이 비극 예술의 즐거움이다. 비극을 관람하면 심한 고통을 느끼지만, 고통에서 해방되면서 쾌락을 느낀다.

예컨대 소포클레스의 『오이디푸스 왕』에서 전혀 알지도 못한 채 아버지를 죽이고 어머니와 결혼하지만 나중에 사실을 다 알아버린 오이디푸스가 스스로 눈을 찌르고 장님이 되어 떠돌이가 되는 것은 현실이 아니고 어디까지나 '비극 예술의 모방'이다. 비극적인 현실 자체를 생각하는 것은 불쾌하고 고통스러울지 몰라도, 거리를 두고 바라보면 불쾌(고통)를 쾌락(즐거움)으로 전환시킴으로써 고통을 극복할 수 있다. 아리스토텔레스가 『시학』에서 직접적으로 예술적 아름다움에 관해 언급하지는 않았지만 쾌락을 느끼게 해주는 비극 예술의 본질을 예술미로 본 것은 확실하다. 내가 대상이나 사태의 조화와 유기적 통일을 아름다움이라고 한 근거는 바로 아리스토텔레스의 『시학』에 있다.

아리스토텔레스는 연민과 공포가 정화를 가져다준다고 본다. 비극은 파괴적 정서들을 정화시켜 준다. 우리는 비극을 관람하면서 배우들이 모방하는 행동을 보고 고통에 공감하고 동시에 연민과 공포를 정화시키며 나아가서 여타의 부정적인 정서도 정화시킨다. 정화라는 그리스어에는 '배설'의 뜻이 포함되어 있다. 비극을 관람하면서 우리들은 괴로워하고 한숨짓고 눈물을 흘림으로써 나쁜 감정을 배설시켜 쾌락(아름다움)을 느낄 수 있는 것이다.

이상에서 나는 플라톤과 아리스토텔레스가 말하는 예술적 아름다움을 간략히 살펴보았는데 앞으로는 고대 그리스 말기와 중세, 르네상스, 근대, 독일관념론, 칸트, 낭만주의, 현대의 미학을 간단히 개괄하면서 미학적 관점에서의 아름다움을 핵심적으로 살펴볼 것이다. 이렇게 유럽 철학사를 개괄하면서 예술미의 특징을 살피는 이유는 지극히 간단하다. "창조적 예술미는 가능한가?"라는 물음에 대한 답을 찾고자 하는 것이 바로 그 이유이다.

플라톤과 아리스토텔레스 이후 그리스 말기 스토아 철학자들은 시와 함께 의미론과 논리학의 문제에 관심을 기울였다. 그들은 시의 아름다움이 부분들의 일치에 의존한다고 생각했다. 스토아 철학자에 의하면 아름다움의 기쁨은 잘 정돈되고 조화로운 삶에서 표현되는 덕과 밀접한 연관성이 있다. 스토아 철학자들의 목표는 덕스러운 삶을 살아감으로써 마음의 평정을 유지하는 것이었고, 비합리적 쾌락뿐만 아니라 합리적인 영혼의 고민도 참다운 시로부터 얻을 수 있다고 믿었다. 따라서 스토아 철학자들은 시 예술의 도덕적 유익함을 강조했는데, 마음의 평정은 윤리·도덕적인 덕에서 비로소 가능하기 때문이다. 그들이 보기에 시 예술은 도덕적 가치를 가질 때 비로소 정당화될 수 있었다.

그리스 말기 에피쿠로스주의자들 중 한 사람인 필로데무스는 『음악론』과 『시론』에서 예술 및 예술미에 관해 논의했다. 그는 단어를 배제한 음악 자체는 인간의 정서를 자극할 수도 없고, 영혼의 윤리·도덕적 변화도 초래할 수도 없다고 하여 형식주의적 예술을 반대했다. 즉, 선율이나 율동 등 음악의 형식에만 의존하는 음악은 물론이고 음악의 아름다움도 성립할 수 없다는 것이다. 그는 『시론』에서 시적 선은 도덕적, 교호적 목적, 기술과 형식의 즐거움 또는 이들 두 가지의 결합이 아닌 형식과 내용의 통일에 의해 결정된다고 보았다.

신플라톤주의의 창시자 플로티노스(205~270년)의 『에네아레스』 중에서 「아름다움에 관하여」, 「지적 아름다움에 관하여」, 「이상적 형상의 다수성이 어떻게 존재, 그리고 선이 되는가」 등 세 논문은 아름다움을 집중적으로 탐구한다.

플로티노스에 의하면 자연세계, 곧 가시계의 배후에는 모든 개념과 지식을 초월하여 일자(to hen)가 존재하고 그로부터 정신(nous)이 흘러나온다. 정신에서 영혼(psyche)이 흘러나오고, 마지막으로 영혼에서 질료(hyle)가 흘러나온다. 그는 자연 사물에도 아름다움이 있고 좋은 성격과 행동에도 아름다움이 있으며, 색깔이나 음과 같은 단순한 감각 성질은 대칭적 균형이 없더라도 아름다움을 가질 수 있다고 말한다. 그러므로 균형이나 조화는 아름다움의 필요 충분조건이 될 수 없다. 사람은 경험에 의해 아름다움을 느끼는데, 영혼은 대상으로부터 자신에 대한 친근성을 앎으로써 즐거움을 발견한다. 영혼은 친근성에서 자신이 이상적 형상에 참여하고 있고 자신의 신성함을 안다. 이러한 입장은 나중에 신비주의 철학과 낭만주의 철학의 미학적 원천이 된다.

플로티노스의 미학 이론에서는 아름다움과 함께 사랑이 중요한 개념이다(『에네아데스』 III, v, 1). 사랑은 언제나 아름다움의 사랑인데, 완전하고 절대적인 사랑은 예술가의 작품에서 강도가 약해짐으로써 구체적으로 나타나게 된다. 플로티노스에 의하면 감각적 아름다움의 명상으로부터 아름다운 행동의 기쁨으로, 그리고 다시금 도덕적 아름다움으로, 마지막으로 절대적 아름다움으로 상승할 수 있다. 말하자면 질료에서 영혼으로, 영혼에서 정신으로, 마지막으로 정신에서 일자로의 상승이 가능하다. 감각적 아름다움으로부터 궁극적으로는 절대적 아름다움에 도달할 때까지 아름다움을 미적으로 체험할 수 있는 것이다.

플로티노스는 진리에 도달하는 세 가지 길이 있다고 보았다. 음악가의 길, 사랑하는 자의 길, 형이상학자의 길이 그것이다(『에네아데스』 I, iii, 1~2). 그는 플라톤과 달리 예술작품은 모두 이상적 형상의 모사이지, 현상계의 모사가 아니라고 생각했다. 따라서 예술의 아름다움을 더 높이 평가했다. 그는 신비주의 철학의 입장에서 현실의 아름다움과 피안의 이상적 아름다움이 있다고 보았다. 피안의 아름다움에 도달한 자는 아름답고 신성하게 되므로 더 이상 아름다움을 보지도 않고 필요로 하지도 않는다(『에네아데스』V, vii, 11).

중세의 아우구스티누스는 통일, 수, 동등함, 비율, 질서 등을 미학의 핵심 개념으로 제시하고, 통일이 예술과 아울러 실재에서 가장 중요한 개념이라고 했다. 통일은 조화 내지 균형을 구성하기 때문이다. 인간은 감각 지각으로 아름다움을 느끼는데, 아름다움에 대한 지각이 옳은지, 그른지에 대한 객관적인 판단은 관념적 질서에 의해 가능하다. 아름다움은 세 가지 조건을 필요로 한다. 첫째, 무결합이나 완전함: 손상당하거나 파괴된 것들은 불완전하며 추하다. 둘째, 적절한 비율이나 조화: 대상의 부분들 사이의 관계 그리고 대상과 지각자의 관계를 적절한 비율로 유지한다. 셋째, 밝음이나 명백함 또는 빛남: 빛은 신성한 아름다움 및 진리의 상징이고, 명백함은 형상의 빛남으로서 사물의 구분된 부분을 조명한다.

중세 초기의 오리게네스는 성서의 의미를 사실적 계층, 도덕적 계층, 정신적 내지 신비적 계층으로 구분했다. 이런 생각은 중세를 거쳐 르네상스까지 이어졌다. 신이 무(無)로부터 세계를 창조했으므로 자연에는 신의 흔적이 남아 있다는 믿음이 널리 퍼졌고, 따라서 아름다움 자체는 영원하고 자연에는 어디에나 아름다움의 현상이 전개되고 있었다.

르네상스 철학자(쿠자누스, 브루노, 파라켈수스 등)는 자연(세계)과 신과 인간을 통일된 관점에서 고찰하려 했다. 음악 이론가들은 정서적·도덕적 효과를 위해 성악의 장점을 강조했고, 음악의 목적을 인간 계발에 두었다. 이 시대의 시 이론가들은 아리스토텔레스의 미학 이론의 영향을 받았으며, 시의 목적이 아름다움과 인간의 교화에 있다는 이원적 입장을 지니고 있었다.

영국 경험론과 대륙 합리론으로 대변되는 근대 철학은 인식론에 치중하고 있으므로 예술미에 대한 논의는 그다지 활발하지 못하다. 그러나 데카르트나 베이컨의 미학 이론이 두드러지고, 이는 후에 바움가르텐의 미학을 성립시켰다.

바움가르텐은 『시에 연관되는 많은 것들에 대한 철학적 명상』에서 '미학'이라는 용어를 처음으로 사용했다. 그는 시와 함께 모든 예술작품이 특수한 형식, 계층, 인지를 포함한다는 사실을 밝히려 했다. 그는 데카르트와 라이프니츠의 전통에 따라 명석한 관념과 모호한 관념, 그리고 분명한 관념과 혼란한 관념을 구분한다. 감각소여는 명백하면서도 혼란하다. 시는 감각적 대화이기 때문에 명백하면서도 혼란한 개념들이 하나의 구조 안에 얽혀 있는 예술작품이다.

데카르트는 예술도 자연법칙과 이성의 규칙을 따른다고 했다. 이는 예술의 본질적 과제가 자연이나 인간을 보편적 원리에 따라 정확하고 명석하게 표현하는 데 있다는 뜻이다. 베이컨에 의하면 인간은 기억 및 이성에 맞먹는 상상력을 소유하고 있으며, 시를 창조하는 능력은 상상력이다. 한편 흄의 연상주의 심리학은 예술의 즐거움 및 아름다움을 설명해 주는 중요한 실마리를 제공해 준다.

칸트는 근대 이후 최초로 미학 이론을 철학 체계의 중요한 부분으로 만든 철학자다. 기호 판단, 곧 맛 판단에 의해 '아름다움'의 개념이 형성되는데, 조야한 자극과 감격에서 벗어나야만 한다. 칸트는 『판단력 비판』에서 아름다움과 숭고함에 관해 매우 길고 치밀하게 분석하므로 여기서는 그 내용을 간단히 개괄하기로 하자.

칸트는 『순수이성비판』의 범주를 끌어들여서 아름다움을 다음처럼 정의한다. 첫째, 아무런 이해관계 없이 마음에 드는 것은 아름답다. 계산하지 않고 공평무사하게 만족감을 가져다주는 것은 질(質)에 따라 아름답다. 아름다움은 유쾌함이나 선과는 질적으로 다른 만족을 느끼게 한다. 유쾌함은 감각적 욕구의 대상이고 선은 도덕법칙에 따라서 추구하는 것이지만, 아름다움은 아무 이해관계 없이 만족을 준다. 둘째, 양(量)에 따라 개념 없이 보편적으로 마음에 드는 것은 아름답다. 만일 내가 어떤 것을 아름다운 것으로 발견할 경우, 나는 다른 것에 관해서도 똑같은 것을 기대한다. 셋째, 관계에 따라서 아름다운 것은 목적과 상관없이 형식에 의해서 합목적적(合目的的)으로 여겨진다. 칸트는 여기에서 자유로운 아름다움과 종속적 아름다움을 구분한다. 우리는 산이나 강의 아름다움을 발견하기 위해 그것들의 본질에 관한 어떤 개념도 가질 필요가 없으니 이 경우 산이나 강의 아름다움은 자유로운 아름다움이다. 그러나 건물의 아름다움은 대상과 개념의 일치가 전제되어야만 아름답다. 예컨대 사찰이나 한옥의 아름다움은 대상과 개념이 일치할 때 성립한다. 넷째, 양태에 따라서 개념 없이 필연적으로 만족을 가져다주는 것은 아름답다. 즉, 감정에 의해서 규정 가능한 공통 감각을 만족시키는 것은 아름답다.

칸트는 아름다움과 마찬가지로 우리의 감정을 만족시키지만 아름다움과는 다른 것이 숭고함이라고 말한다. 아름다움은 제약적인 대상에서 성립한다. 예컨대 예술작품, 인간, 산이나 강의 아름다움을 말한다. 그러나 숭고함은 제약되지 않은 대상에서 발견된다. 예수의 죽음의 숭고함과 수많은 성인들의 숭고한 업적처럼 말이다.

자연은 단순한 작용만 산출하고, 예술은 작품을 만들고 성숙시킨다. 따라서 자연의 아름다움과 예술의 아름다움도 구분되어야 하며 예술의 아름다움은 자연의 아름다움보다 우위에 있다. 칸트에 따르면 예술적 천재는 구상력, 오성, 정신 및 기호(嗜好)에 있어서 탁월한데, 그는 천재에 대해 다음처럼 말한다. "천재는 예술에 규칙을 부여하는 재능이다. 재능은 예술가 자신의 본유적(本有的) 생산 능력으로 본성에 속하기 때문에, 천재란 본성이 재능을 통해서 예술에 규칙을 부여하는 본유적 성질의 소질이라고 표현할 수 있다……. 모든 사람들은 천재가 모방 정신에 완전히 대립된다는 것에 동의한다." 칸트는 더 나아가서 예술비평가와 예술 창조자를 확실히 구분했다. 아름다운 대상 자체의 평가에는 기호가, 아름다운 대상의 산출에는 천재가 필연적으로 요구되기 때문이다.

그런데 칸트 이전과 이후의 미학을 구분할 필요가 있다. 칸트 이전의 미학은 플라톤 전통에 따라 영구불변하는 이데아의 모사인 자연과 자연을 모사한 예술의 아름다움에 관한 것이었다. 그러나 칸트를 기점으로 예술적 아름다움은 창조적 아름다움의 특징을 가지게 되었다. 칸트 이후 독일 관념론 철학의 미학은 셸링의 미술적 직관을 거쳐 헤겔의 예술과 예술미의 변증법적 발전 이론에서 절정을 맞이한다.

헤겔은 『미학』을 통해 인류사에서 예술과 예술미의 변증법적 발전 이론을 제시했다. 예술의 변증법적 최초 단계는 아시아적 예술로, 매체(재료)에 압도당한다. 아시아적 예술에 대한 반정립은 그리스·로마의 고전적 예술로 이념과 매체의 조화를 이룬다. 아시아적 예술과 고전적 예술의 종합 단계는 낭만주의 예술로, 이념이 매체를 지배하여 정신적으로 완전하다. 이념이란 이상적 관념으로서 예컨대 역사의 이념은 자유이고 예술의 이념은 아름다움 자체다.

헤겔 미학 이후 괴테, 실러, 슐레겔, 보들레르, 말라르메 등의 낭만주의 미학을 거치면서 쇼펜하우어와 니체에 이르러 직관적 아름다움을 강조하는 경향이 있었으나, 현대 미학은 복잡한 사회적 삶과 연관되어 다양한 모습을 보여주며, 콜러리지, 베르그송 등의 형이상학적 미학 이론, 산타야나, 듀이 등의 자연주의 미학 이론,

옥덴, 리처즈의 기호학적 접근, 마르크스·레닌주의 미학 이론, 현상학, 해석학 또는 실존주의 미학 이론 등 다양한 경향으로 나타난다. 이러한 이유는 현대의 사회현상과 인간의 삶이 복잡해졌기 때문이다. 그렇지만 최근에는 칸트의 비판적 미학 이론과 예술 사회적 미학 이론이 예술적 아름다움을 가장 활발하게 논의하고 있는 실정이다. 리오타르와 같은 프랑스의 해체주의자는 칸트의 아름다움과 숭고함을 바탕삼아 삶의 방향 설정을 해결하고자 하며, 아도르노와 같은 프랑크푸르트학파의 철학자는 사회적 사실로서의 예술과 예술미를 해명함으로써 사회적 의사소통의 열린 길을 모색하고자 한다.

예술을 개괄해 볼 때 "창조적 예술미는 가능한가?"라는 물음에 대한 답은 일차적으로 "그렇다"다. 인간은 순수한 형식미와 아울러 부차적인 목적을 동반하는 아름다움을 느끼고 즐겨왔다. 인간은 자신의 감정 내지 정서를 만족시키기 위해 예술미를 만들었다. 따라서 예술미는 창조적이라고 말할 수 있다. 그러나 플라톤의 모방, 기독교의 하나님, 칸트의 물자체 등을 떠올리면 인간은 피조물일 뿐이고 참다운 창조는 인간의 손에서 떠나 있는 것이 아닌가 하는 생각이 든다.

인간이란 무한하고 거대한 우주 역사에서 어쩌다가 생긴 먼지보다 작은 존재라는 생각이 들면, 스피노자가 말한 것처럼 인간에게 자발성이나 창조는 없고 필연적인 우주 법칙에 따르는 보잘것없는 존재라는 생각을 떨칠 수 없다. 예술, 창조, 문화는 모두 욕망의 산물이나 찌꺼기가 아닌가? 욕망을 없앨 수 있을까? 예술도, 아름다움도 공이요 허인가?

"깨달음이란 없다. 깨달으려고 깨달음에 치우치면 병에 걸릴 뿐이다"라는 말이 있다. 그런데 고승들은 6개월의 동안거(冬安居)와 6개월의 하안거(夏安居)를 왜 지킬까? 어떤 고승은 6년간 동굴 속에 안거하면서 깨달음을 위해 정진한다는데, 어둡고 좁은 동굴 안에서 그는 졸고 잠자는 것과 깨달음을 혼동하는 것은 아닐까?

❖ 이 장은 내가 쓴 『철학의 이해』에서 인용한 것임을 밝힌다.

스물여덟,

시간이라는 족쇄에서 빠져나올 수 있는가

나를 가르쳐주신 정석해 선생은 10년간 개인적인 가정교사 같았다. 방학을 빼고 10년간 매주 한 번씩, 이화여대 뒤 대신동 한옥집 골방에서 선생이 빌려준 러셀, 후설, 베르그송, 산타야나, 딜타이, 흄, 라이프니츠 등의 주요 저서를 정리해서 발표하고 토론할 수 있었다. 먹고사는 것, 군대, 가정으로 인한 문제가 벅차고 괴로워도 일주일에 한 번 선생을 만날 수 있는 시간이 있었기에 모든 시련을 이겨낼 수 있었다.

조용히 눈을 감으면 지난 시절의 광경이 주마등처럼 지나간다. 그동안 세상이 참 많이 변했다. 1950년대부터 1970년대까지는 대부분의 사람들이 헐벗고 굶주렸다. 집에 전화기가 있고 자가용까지 있으면 '잘사는 부잣집'이었다. 이젠 공중전화도 보기 힘들고, 누구나 스마트폰 인생을 마음껏 맛보고 있다. 정말 세월은 유수처럼 흐르고 시간의 빠른 발을 따라잡기에 숨이 찬다.

젊은이들은 정규직은 뽑지 않고 계약직, 시간제 인생이어서 불안해한다. 선진국 수준에 가까이 왔다고 자부하면서도 남북분단이 가져다주는 불안감을 피할 길이 없다. 전쟁이라는 불안, 좌절, 절망을 막기 위해 통일은 필수적이다. 남북분단은 항상 전쟁의 가능성을 머금고 존재의 불안과 좌절과 절망을 끊임없이 증폭시키고 있다. 이러한 현실은 유한한 시간의 족쇄인 셈이다.

시간은 일상적 삶의 과거와 현재와 미래를 확연히 구분하는 삶의 족쇄다. 이 족쇄 때문에 인간은 불안, 좌절, 절망의 늪에 빠져 신음한다. 아우구스티누스는 이러한 사실을 너무나도 잘 알기 때문에 시간의 족쇄로부터 해방되어 영원을 체험할 수 있는 가능성을 제시하려 했다. 현대사회를 살아가는 우리들은 왜 과거의 사람들과 달리 유달리 느림과 여유의 삶을 갈망하는 것일까? 지금 이곳에서 우리들의 삶이 너무 빠르고 각박해서일 것이다.

북파공작원 부대의 사병 시절과 육사 교관 시절의 장면이 기억의 화면을 거쳐 재빨리 지나간다. 두꺼운 방한복, 방한화로 완전 무장하고 총까지 멘 채 수유리 근처 농원의 컴컴한 벙커에서 화랑담배를 뻐끔뻐끔 빨아가며 독일어판 칸트의 『도덕형이상학 원론』

을 뜻도 제대로 모르고 더듬거리며 읽어가는 보초병의 모습이 확연하게 떠오른다. 강의 시간에 반은 졸면서 플라톤의 정의론에 귀 기울이던 사관생도들이 지금쯤 빛나는 장군 계급장마저 내려놓고 노년의 느림과 여유를 맛볼 만큼 그렇게 많은 시간이 흘러갔다. 세월이 무상하다.

모든 행동과 마음의 움직임은 한결같지 않고 모든 사물에는 고정된 자아가 없다는 것 역시 시간의 족쇄다. 시간은 부단히 변하므로 우주 만물과 자연이 변화한다. 모든 것이 변화하고 영구불변하며 고정된 것이 없어서 공이고 허이지, 아무것도 없다는 뜻은 아니다.

도대체 시간이란 무엇인가? 자연도, 인간도, 행복과 불행도, 성공과 실패도, 기쁨과 슬픔도 모두 시간 때문에 생긴 것이다. 생로병사 자체가 시간에 의해 전개된다. 아무것도 없는 블랙홀(black hole)의 대폭발(big bang)과 함께 시간이 전개되기 시작하고, 시간의 전개와 함께 우주 만물의 생성 변화가 펼쳐지게 되었다.

고대부터 지금까지 시간에 관한 이론은 물리학적 시간관, 심리학적 시간관, 직관주의적 시간관, 종교적(기독교적) 시간관 등으로 구분될 수 있다.

물리학적 시간관은 일상생활과 자연과학에서 믿는 시간 관념이다. 자연 세계의 사물 내지 사태는 일정한 공간(크기)을 차지하며 일정한 시간(흐름)을 지나치고 있다는 것이다. 예컨대 뉴턴의 물리학적 시간은 공간과 함께 자연 세계에 실재하는 모든 운동의 기초

단위다. 칸트는 선험적 직관 형식으로서의 시간과 공간을 이야기하는데, 칸트의 시간관은 근본적으로 뉴턴의 물리학적 시간을 기초로 삼고 있다. 칸트는 뉴턴처럼 자연 세계에 시간과 공간이 실재하며, 그것을 알 수 있는 마음의 형식인 시간과 공간이 인간의 머릿속에 있다고 생각했다.

시간은 항상 일정하게 규칙적으로 흐른다는 뉴턴의 고전 물리학에 반기를 들고 시간의 상대성을 외친 아인슈타인의 시간론에 의해 고전 물리학의 보편성이 깨졌다. 그러나 일상생활과 대부분의 영역에서는 고전 물리학적 시간이 여전히 지배적이다. 예컨대 한 사람은 지구에서 생활하고(정지계의 생활), 다른 한 사람은 우주 여행을 계속할 경우(운동계의 생활) 두 사람에게 똑같은 시계를 주고 시간을 측정하면 운동계의 시간은 정지계의 시간보다 느리게 진행된다는 것이 바로 아인슈타인의 특수상대성 이론이다. 쉽게 말해서 우주여행 10년은 고정된 지구생활 50년과 맞먹을 수 있다는 것이다. 그렇긴 해도 인간은 습관의 노예라서 그런지 고전 물리학적 시간을 흐름의 절대적 단위로 신봉하고 있다.

그런데 일상생활에서는 절대적 시간이 아닌 심리학적 시간이 삶을 좌우하곤 한다. 예컨대 싫은 사람과 함께 있으면 5분밖에 안 되었는데도 두세 시간이 흘러간 것처럼 느껴진다. 그러나 죽고 못 사는 애인과는 하루 종일 있어도 서너 시간처럼 느껴진다.

그런가 하면 무의식적으로 직관주의적 시간도 체험한다. 인간은 시계의 시간과 눈에 보이는 3차원적 공간에 의지해서 삶을 이끌어가고 있으며, 시간과 공간을 서로 다른 것으로 생각한다. 그러나 베르그송은 시간과 공간은 동일한 것이라고 말한다. 그가 말하는 직관은 말 그대로 직접 아는 능력이며 공감이지만, 지성은 따지고 계산하며 헤아리고 유추하는 능력이다. 예컨대 예술 창작 능력이나 예술 감상 능력은 직관에 해당하고, 수학 계산 능력과 논리적 추리는 지성에 해당한다. 대개 시계를 보고 "시간이 벌써 많이 흘러갔구나!"라고 말한다. 시간을 초, 분, 시 등으로 나누는데, 이렇게 나뉘는 시간은 공간과 같다. 그러니까 공간과 질적으로 다른 것은 시간이 아니라 흐름이다. 흐름은 끊어질 수 없는 지속(持續)으로서 지성의 구분에 의해 파악될 수 있는 것이 아니라 직접 체험에 의해 공감하는 것이다.

베르그송의 지속에 대한 견해를 요약하면 다음처럼 말할 수 있다. "내가 걸어갈 경우 두 가지로 말할 수 있다. 우선 한 걸음, 두 걸음…… 등 걸음을 나누어서 열 걸음 걸었다고 말하는 경우가 있다. 이것은 공간을 나누어서 따지고 계산하는 지성 능력에 의한 것이다. 그러나 직관으로 파악할 경우 나의 걸음은 끊어지지 않는 흐름, 곧 지속이다. 마찬가지로 내가 종소리를 들으면서 종소리를 끊임없는 흐름으로 파악하지 않고 끊어서 종소리가 다섯 번 울렸다고 생각한다면 그것은 지성 작용에 의한 것이다. 직관에 의해 공감되는 종소리는 흐름 자체다."

종교적 색깔이 강한 철학자들은 직관주의자들이 많아서, 이들에 반대하는 사람들은 직관주의 철학을 신비주의라고 폄하한다. 러셀과 같은 사람은 베르그송에 반대하면서 "베르그송과 같은 직관주의자는 개미나 벌의 종류에 속하는가 보다. 나는 직관 능력이 전혀 없다. 베르그송은 개미나 벌처럼 직관 능력을 가지고 있다고 주장한다"고 비웃었다. 베르그송은 자신이 확신하는 직관 체험은 지성적 언어로 표현할 수밖에 없으므로 자신의 공감이 타인에게 전달되기 힘들다고 하소연하기도 했다.

또 다른 시간관은 종교적(기독교적) 시간관이다. 우리에게 가장 영향력 있는 시간관으로, 고대 그리스의 아리스토텔레스를 비롯해서 칸트 등이 추종했고 우리들 대부분도 이를 확신하고 있다. 그런데 직관주의적 시간관과 아울러 종교적 시간관은 시간과 인간의 삶과 우주의 생성 변화에 관해 명상하게끔 하는 느림과 여유를 준다. 아우구스티누스는 『고백록』 11권에서 시간에 관해 길게 논의하고 있다.

"그러므로 시간 자체도 당신이 창조했기 때문에 시간적으로 당신이 어떤 것도 만들지 않은 것은 없습니다. 그런데 당신은 영원하기 때문에 어떤 시간도 당신과 함께 영원할 수 없습니다. 그러나 시간이 영원히 지속된다면 그것은 시간이 아닐 것입니다.

도대체 시간이란 무엇입니까? 누가 이것을 쉽고도 간단하게 설명할 수 있겠습니까? 누가 이것을 적절한 말로 표현하거나 이해할 수 있겠습니까? 그러나 대화할 때 우리에게 시간보다 더 친근하고 잘 알려진 것은 없습니다. 그런데 시간을 말할 때 우리들은 어떻든 시간을 알며, 시간에 관해 들을 때에도 역시 시간을 압니다.

그렇다면 시간은 무엇입니까? 아무도 나에게 묻지 않는다면 나는 압니다. 그러나 묻는 사람에게 설명하려면 나는 모릅니다. 그렇지만 나는 확실히 안다고 자부하면서 다음처럼 말합니다. 즉, 지나가는 것이 아무것도 없다면 과거의 시간이 존재하지 않으며, 아무것도 오는 것이 없으면 미래의 시간도 없을 것이고, 아무것도 존재하지 않는다면 현재의 시간도 없을 것입니다.

그렇다면 과거와 현재의 두 시간이 어떻게 생기게 된 것이고, 과거가 이미 존재하지 않게 되는 때는 언제이며, 미래가 아직 존재하지 않는 때는 언제입니까? 그런데 현재가 항상 현재로 있어서 과거로 지나가지 않는다면, 이미 시간은 없고 영원만 존재할 것입니다. 현재가 시간이려면 과거로 지나가야만 시간이 될 수 있습니다. 우리들은 어떻게 이것이 있다고 말할 수 있습니까? 그것의 존재 이유는 존재하지 않는 것에 있습니다. 다시 말해서 우리들은 시간이 존재한다고 말하기보다는 시간을 존재하지 않는 것으로 향하는 흐름이라고 말해야 하지 않습니까?"

『고백록』 11권 14장은 과거, 현재, 미래라는 세 가지 시간에 대한 일반적 개괄이다. 그러나 『고백록』 11권 20장은 아우구스티누스의 시간에 대한 종합적이며 핵심적인 사유를 가장 돋보이게 한다.

"그러나 이제 명백하게 밝혀진 것은 미래도, 과거도 존재하지 않는다는 것입니다. 과거와 현재와 미래의 세 가지 시간이 있다고 말하는 것은 적절하지 않습니다. 오히려 과거의 현재, 현재의 현재, 미래의 현재라는 세 가지 시간이 있다는 편이 적절할 것입니다. 이세 가지가 영혼 안에 있는 것을 내가 알지만, 다른 곳에서는 이것들을 볼 수 없기 때문입니다. 과거의 현재는 기억이고, 현재의 현재는 관찰이고, 미래의 현재는 기대입니다. 이렇게 말해도 좋다면, 나는 세 가지 시간을 볼 수 있고, 시간은 세 가지라고 인정합니다. 우리들은 잘못된 습관에 따라 시간은 과거와 현재와 미래의 세 가지라고 말합니다. 나는 그것을 염려하지도 않고, 반박하지도 않으며 비난하지도 않았습니다. 다가올 일이나 존재했던 것은 현재 존재한다고 할 수 없다는 것을 이해한다는 조건이 붙어야 합니다. 우리들이 적절하게 말하는 경우는 드물고 부적절하게 말하는 경우는 많지만, 뜻하는 것을 알기 때문입니다."

아우구스티누스의 시간에 관한 명상을 보면 진한 감동마저 느껴진다. 모든 것이 심작(心作), 곧 마음이 만들어내는 것이라는 사유에도 접근하게 된다. 결국 아우구스티누스는 시간을 거슬러 올라가서 궁극적으로는 영원에 도달함으로써 전지전능한 하나님의 품에 안길 수 있다는 이성과 신앙의 합일을 제시하고 있는 것이다.

모든 마음의 움직임이 한결같음이 없으니 제행무상이요, 우주만물이 수시로 변하여 '나'가 없으니 제법무아이고, 그렇기 때문에 모든 것이 다 괴로움이므로 일체개고다. 시간의 족쇄로 인한 삶의 불안, 좌절, 절망, 느림과 여유의 삶으로 시간의 족쇄를 풀려고 하는 기대와 희망은 과연 헛된 것일까?

스물아홉,

삶에서 느끼는 무의미와 무가치를
어떻게 극복할 것인가

불교에서는 모든 것이 고통이니 깨달음을 얻으면 마음의 평안을 얻을 수 있으며, 이를 끊임없이 갈고닦아야 온전한 깨달음을 유지할 수 있다는 돈오점수(頓悟漸修)를 말한다. 나는 꽤 오랫동안 돈오점수가 아니라 점수돈오(漸修頓悟)가 맞다고 생각했다. 쉬지 않고 갈고닦아야 깨닫는 법이고, 갑자기 깨닫는다는 일은 불가능하다고 생각했기 때문이다. 그러나 지금은 '깨달음'이란 인간의 희망사항일 뿐이고 매우 모호할 뿐만 아니라, 그런 것은 없다는 생각까지 가지게 되었다.

그래서 인간에게 가능한 것은 오로지 점수점수(漸修漸修), 즉 계속해서 마음을 수양하는 것뿐이라고 생각한다. 깨달음도 없고, 완전하고 절대적인 인간, 삶, 행복 등도 없다면 결국 삶은 무의미하고 무가치하므로 인간은 불안, 좌절, 절망의 늪에 빠져서 허우적거리는 것이 아닐까?

그렇지만 삶이 무의미하고 무가치하다는 허무함을 매 순간 처절히 맛보기 때문에 점수점수는 인간의 필연적인 숙명이 아닌가 싶다.

내가 아주 예전에 『장자』의 내용을 흉내 내어 만든 것으로 기억하는 이야기가 떠오른다.

20대의 어떤 젊은이가 도를 깨치기 위해 유명한 고승을 찾아와서 제자로 받아달라고 애원했다.

"저는 스승님을 만나기 위해서 몇 달 동안 안 찾아가본 곳이 없습니다. 저는 어려서부터 지금까지 많은 것을 배우고 여러 가지 기술을 익혔지만 결국 도를 깨치는 것이 제 삶의 목표라는 것을 알고 사방으로 수소문한 끝에 고승 중의 고승인 스승님의 제자가 되면 언젠가는 도를 깨치리라고 확신하게 되었습니다."

그러나 고승은 젊은이의 말에는 귀도 기울이지 않고 갑자기 일어나 산속으로 사라져버렸다. 젊은이는 목숨을 바쳐서라도 고승의 제자가 되어 기필코 도를 깨쳐야겠다고 결심했다. 젊은이는 고승의 움막을 깨끗이 정리하고 매일 밥과 반찬을 정갈하게 준비하여 고승을 기다렸다. 며칠이 지나 고승이 움막으로 돌아왔다. 젊은이는 고승을 보자마자 땅바닥에 넙죽 엎드렸다. 고승은 "나는 네 스

승도 아니고, 네가 깨우친다는 도와도 아무 상관이 없느니라!"라고
이야기했다. 그러나 젊은이는 지극정성 다해 고승을 위해 밥을 짓
고 청소하고 쌀과 반찬거리를 장만하느라 눈코 뜰 새 없이 바빴다.

1년이 지난 후, 젊은이는 "이곳에 온 지 벌써 1년이 넘었습니다.
열심히 일했으니, 도가 무엇인지 조금만이라도 가르쳐주십시오"라
며 애원했다. 그러자 고승은 "난 그런 거 모른다. 여기 있으려면 밥
이나 제대로 해! 밥맛이 시원치 않아!"라고 꾸짖을 뿐이었다.

젊은이는 사계절 가리지 않고 비지땀을 흘리면서 일했다. 고승
은 며칠 움막에서 지내고는 훌쩍 떠나서 한 달쯤 후 홀연히 돌아
왔다가 다시 출타하곤 했다. 젊은이는 넓은 텃밭을 일구어 채소를
팔아서 그럴듯한 초가집도 지었다. 3년 되는 날, 젊은이는 고승에
게 도를 가르쳐달라고 무작정 달려들었다. 그러자 고승은 이렇게
대답했다.

"3년이 아니라 100년이 지나도 없는 도를 어떻게 가르쳐달라는
것이냐? 나도 도가 있었으면 이렇게 아픈 몸을 이끌고 이리저리 헤
매지 않겠지. 도가 있다면 내 삶도 허무하지 않을 테고, 더더구나
무의미와 무가치가 존재하지 않겠지. 도는 없어. 도는 없다는 것이
도야. 삶은 무의미하며 무가치하고 인생은 허무하다는 것이 도야.
불안, 좌절, 절망에 빠져서 허덕이다가 죽는 것이 인간이라는 사실
이 도야. 그러니까 도라는 것은 없다는 것이 도란 말이다."

그런데 젊은이는 고승의 꾸지람보다 아직 반찬 맛을 제대로 내

지 못한다는 지적이 더욱 신경 쓰였다. 그래서 앞으로 3년간 반찬에만 온 정성을 기울이겠다고 결심했다. 반찬이 맛있어지면 고승이 도를 가르쳐주지 않을까 기대했기 때문이다. 또 3년이 흐른 후, 젊은이는 고승에게 다시 애원했다.

"스승님, 벌써 6년째입니다. 저도 서른이 다 되어갑니다. 밥 짓고 반찬 배우고, 집도 늘리고 텃밭도 가꾸었으니, 스승님을 위해 더 할 것이 없는 것 같습니다. 이젠 도를 가르쳐주십시오!"

"너는 지금까지 오직 너를 위해 일했어! 있지도 않는 도를 가르쳐달라면서 천년만년 살려는 욕심으로 오직 너 자신을 위해 일해 놓고는 나를 위해서 일했다니? 시금치국 하나 제대로 끓이지 못하는 놈이 밤낮 도 타령이나 하다니 한심하구나!"

젊은이는 다시 죽기 살기로 국에 도전했다. 그러나 국에 전념한 지 3년이 지났는데도 젊은이는 더 이상 도를 가르쳐달라고 조르지 않았다. 고승은 빙그레 미소 지었다. 세월이 흐르고 고승도 세상을 떠났지만, 젊은이는 도는 까마득히 잊은 채 스스로 느림과 여유의 삶을 만끽하고 있었다.

염화미소(拈華微笑), 염화시중(拈華示衆)이라는 말이 있다. 석가모니가 영산회에서 자리에 앉아 연꽃 한 송이를 잡았으나 아무도 그 뜻을 헤아리지 못하고 의아해하고 있는데, 마하가섭 한 사람만 그 뜻을 깨닫고 미소 지었으므로 그에게 불교의 가르침을 전했다는 이야기다. 연꽃은 진흙(지옥) 속에 줄기뿌리를 묻고 물속(현세)

에 줄기를 내리고 있으며 대기 속(극락)에 꽃을 피운다. 연꽃은 지옥과 현세와 극락이 서로 다르지만, 실은 같은 마음의 산물이라는 것을 뜻한다.

그런데 요즘 우리 사회를 보면 지옥이 따로 없다. 대통령부터 고위 관리까지 부정부패와 부조리와 사회 불의를 혁신해야 한다고 큰소리로 외치지만 모두 도로아미타불인 듯하다. 자살률이 세계 최고라느니, 상위 10퍼센트가 부의 반을 소유한다느니, 노인들 반 이상이 빈곤층이라느니……. 가진 자들은 입으로만 평등과 정의를 부르짖고, 뒤로는 한 푼이라도 더 축적하려고 눈이 벌겋다. 동물의 세계가 따로 없다. 동물의 세계는 어디까지나 본능적 욕망이 지배하는 세계이고, 결코 문화 선진국이 될 수 없다. 돈 가진 자는 더 많은 돈을 위해, 권력을 가진 자는 더 강한 권력을 위해 수단과 방법을 가리지 않는 사회는 말 그대로 생지옥이다.

그러다 보니 평범한 사람들은 더 이상 기댈 곳이 없고 희망도 없으므로 삶이 무의미하고 무가치하다. 내가 없어지면 모든 삶의 허무와 무의미와 무가치가 종식되고 오히려 평온을 얻을 수 있으리라는 역설적 사고에 몰두하여 자살을 택하는 사람의 수가 급증하는 것은 아닐까 싶다.

그러나 문화 선진국들이 걸어간 길고도 험난한 시행착오의 과정도 그다지 다르지 않다. 그러므로 이기적 욕망의 노예인 '나'의 틀을 벗어나야 공동체의식을 가질 수 있고, 공정함으로서의 정의를 맛볼 수 있다. 죽음에 버금가는 결단 없이는 '나'와 '내 가족'의 강철 같은 감옥을 깨뜨릴 수 없다. 삶은 늘 변하므로 허무, 곧 무의미와 무가치에 물들어 있고 찌들어 있다. 불안과 좌절과 절망을 끝까지 체험할 때 절망 속에서 희망의 꽃을 피울 수 있다.

삶에서 희망의 꽃을 무수하게 피우면서 절망과 희망과 기쁨은 하나라는 염화미소의 뜻을 깨닫게 되면, 그러한 깨달음도 마음이 만든 것이라는 사실을 알게 될지 모른다. 그런데 마음 역시 변하는 것이니 마음도 헛된 것이요, 빈 것인가? 마음이 모든 것을 만든다는 말이 있는데, 마음이 헛되고 비어 있는 것이라면 그것이 무엇을 어떻게 만든다는 말인가?

서른,

이론과 실천을 합일시킬 수 있는가

『장자』에 나오는 호접몽이 무엇인지는 『장자』를 직접 읽어보지 않은 사람들도 대강 알고 있다. 그러나 그 깊은 뜻을 정확하게 이해하는 사람은 그다지 많지 않은 것 같다.

"옛날에 장주(莊周)가 꿈에서 나비가 되었다. 그는 나비가 되어 훨훨 날아다녔다. 기분은 좋았지만 자기가 장주라는 것을 알지 못했다. 갑자기 꿈에서 깨어보니 자신의 형체는 장주였다. 그런데 장주가 꿈에서 나비가 되었던 것인지, 나비가 꿈에서 장주가 된 것인지 알 수 없었다. 장주와 나비 사이에는 필히 구분이 있을 것인데, 이것을 일컬어서 물화(物化)라고 한다."

'나비의 꿈'은 노자의 『도덕경』에 나오는 '무명천지지시, 유명만물지모(無名天地之始, 有名萬物之母)'의 뜻과도 깊은 연관성이 있고 의미가 일맥상통한다. '이름 없는 것'이 우주 만물의 처음이고, '이름 있는 것'이 만물의 어머니라는 뜻이다. 장자와 나비는 본래 자연 자체이므로 이름이 없어서 무명이다. 그러나 장자와 나비를 구분해서 개체적 사물로 만들면 사물의 이름이 생기므로 물화, 곧 개별 사물로 되고 유명, 즉 이름이 생긴다. 인간의 삶도 물론 무명에서 유명으로 전개되지만, 본래적 자연인 무명과 인위적인 문명이나 문화로서의 유명은 항상 동시에 존재한다.

대학 2학년 때 『논어』와 『도덕경』을 처음 접했다. 매주 목요일 오후 동숭동 대학 캠퍼스에서 구름다리를 건너면 있는 법대 건물에서 당시 타대학에 재직하고 있던 교수가 무표정하게 한문을 한 글자씩 읽고 번역하고 설명했다. 한 학기는 『논어』를 읽었는데 그런대로 이해할 만했다. 다음 학기에는 『도덕경』을 읽었지만 한문도 어렵고 뜻도 제대로 파악되지 않아서 가끔씩 빼먹었다. 당시 전공 교수들은 휴강이 많았다. 대학원장을 맡고 있던 어떤 교수는 워낙 거물이고 유명해서 그런지 어느 학기엔가 세 번을 강의하고 학기말 시험을 치른 적도 있었다. 그러나 외부에서 오는 강사들은 휴강이 없었다. 그래서 도가 철학(道家哲學)의 권위자였던 한 교수는 한 번도 빠지지 않고 목요일 오후면 낡은 보자기에 책을 싸들고 교실에 나타나서는, 무표정한 모습으로 『도덕경』을 읽다가 창문 밖으로 낙산 쪽을 물끄러미 바라보곤 했다. 무위자연(無爲自然), 무위이치(無爲而治)를 생각하고 있었던 것일까?

노자의 『도덕경』과 장자의 『장자』에 관해서는 진짜라느니 가짜라느니 말도 많지만, 고대 중국 춘추전국시대에 도가 철학은 유가 철학과 함께 정치적, 윤리·도덕적인 가치규범을 제시했다. 도교는 노자와 장자의 도가 철학을 바탕으로 유교, 불교 등을 종합하여 신선을 궁극적 목적으로 삼는 종교다.

그런데 정치적 차원을 넘어서서 노자와 장자를 읽으면 느림과 여유의 삶을 맛볼 수 있다. 노자는 우주 원리인 도와 도의 특징인 자연으로서의 무위자연에 치중하기 때문에 지루하다는 느낌이 들 때가 많다. 그러나 『장자』는 내용이 깊기도 하지만 다양하고 무궁무진하며 생기가 넘쳐서 읽는 재미가 쏠쏠하다.

눈코 뜰 새 없이 바쁘고 각박한 세상살이에 각종 부정부패, 폭행, 사기, 살인 등이 끊이지 않고 매체를 큼지막하게 장식하고 있다. 부패 척결이니, 구제도 혁신이니, 고위 인사 발령 기준의 개선이니, …… 제아무리 소리쳐 외쳐도 제대로 듣고 믿는 사람이 드물다. 왜 그럴까? 느림과 여유를 망각한 삶은 번지르르한 말만 늘어놓으면서 여전히 바쁘고 각박하게 돌아가고 있다. 텔레비전마다 전문가라는 사람들을 그렇게도 찾기 어려운지 똑같은 얼굴들이 무슨무슨 평론가라는 명찰을 가슴에 붙이고 나와서 그저 그런 이야기들을 희극처럼 비극처럼 주절거리면서 바보상자를 장식하고 있다. 바보마냥 멍청하게 지내다가 『장자』를 펼쳐들면 그야말로 신선한 느림과 여유의 삶을 한 가닥 맛보게 된다.

조삼모사(朝三暮四) 이야기는 눈앞의 돈과 권력에만 집착하여 정신없이 바쁘고 각박하기 그지없는 현대인들에게 본래의 자연적인 자기 자신을 바라보게끔 하는 시원한 샘물이 아닐 수 없다.

"정신과 마음을 통일하려고 노력하면서도 그것들이 같음을 알지 못하는 것을 일컬어서 조삼(朝三)이라 한다. 원숭이를 기르는 사람이 도토리를 주면서 아침에 세 알, 저녁에 네 알을 주겠다고 말했다. 그러자 모든 원숭이들이 화를 내었다. 그래서 그러면 아침에 네 알, 저녁에 세 알을 주겠다고 말했다. 모든 원숭이들이 기뻐했다. 명분이나 사실에서 달라진 것이 없음에도 불구하고 기뻐하고 분노하는 것 역시 그 때문이다. 그래서 성인은 시비(是非)를 조화시켜서 균형 잡힌 자연에서 쉬는데, 이것을 일컬어서 양행(兩行)이라고 한다."

양행은 부분만 아니라 전체도 보고, 속만 아니라 겉도 본다는 뜻이다. 사실 느림과 여유만 보면 바쁨과 각박함은 보지 못하는 셈이다. 삶의 바쁨과 각박함을 처절하게 체험한 끝에 삶의 느림과 여유를 맛볼 수 있지 않을까? 바쁘고 각박한 삶을 전혀 모른 채 말로만 느림과 여유의 삶을 찾는다고 한다면 어려서부터 절에 들어가서 사찰 생활이 그저 습관이 되어버린 것과 무엇이 다르겠는가? 우리는 눈앞의 한 푼, 두 푼에 눈멀어서 아등바등한다. 돈과 권력의 맛이 세상에서 가장 달콤하다지만 자칫 잘못 먹었다가는 목숨마저 앗아가기도 한다. 돈과 권력을 위해 혈연, 지연, 학연을 찾아다니면서 헐떡거리는 사람은 조삼모사의 호된 회초리를 맞아야만 비로소 느림과 여유의 삶에 대한 실마리를 찾을 것이다. 무위(無爲)는 억지로 행하는 것이 없음 또는 인위적이지 않음을 뜻하며 바로 스스로 그러함인 자연(自然)이다. 즉, 있는 그대로의 순수한 마음가짐이요, 꾸미지 않은 태도다.

『장자』 내편, 소요유(逍遙遊) 제일 처음에는 커다란 물고기와 새의 이야기가 나온다.

"북극 바다에 물고기가 있는데 그 이름은 곤(鯤)이라고 한다. 그 길이가 몇 천 리나 되는지 알 수 없다. 그것이 변해서 새가 되면 그 이름을 붕(鵬)이라고 하는데, 붕의 등이 몇 천 리나 되는지 알 수 없다. 붕이 온몸에 힘을 주어 날면, 그 날개는 하늘에 드리운 구름과도 같다. 이 새는 큰 바람이 바다에 불면 바로 남극의 바다로 옮아 갈 수 있다. 남극 바다는 천지다."

우리는 성인, 영웅, 천재 등을 숭배하고 존경한다. 그들은 커다란 물고기 곤이나 거대한 새 붕처럼 위대하기 때문이다. 그런데 갑자기 돈을 쥔 졸부, 현학적 지식만 습득한 대학교수, 고위 관리, 권력 맛에 길들여진 국회의원 등은 때로 자기들이 곤이나 붕이 된 것처럼 거들먹거린다. 그러나 곤은 바닷물이 있어야 헤엄칠 수 있고, 붕은 바람이 불어야 날갯짓을 할 수 있다. 자기 잘난 맛에 산다고 하지만 남의 도움이 없다면 아무것도 할 수 없는데도 자신을 곤이라고 하거나 붕이라고 하는 것은 가소로운 짓이다.

곤과 붕의 이야기에 이어서 작은 매미와 새에 관한 이야기도 있다.

"매미와 작은 새가 그것을 보고 웃으면서 이렇게 말했다. 우리는 날아올라 흰 느릅나무 가지에 앉는다. 때로는 그곳에 도달하지도 못하고 땅에 떨어지기도 한다. 왜 9만 리나 날아서 남극까지 가는가? 파랗게 풀이 우거진 곳에 갔던 사람은 세 끼 밥을 먹고 돌아와도 여전히 배가 부를 것이다. 100리 길을 떠나는 사람은 전날 양식을 절구에 찧어서 준비한다. 1,000리 길을 떠나는 사람은 석 달간 양식을 모아서 준비한다. 이들 두 미물은 또한 무엇을 아는가?"

큰 거울은 보지 않고 손거울만 보는 여자들은 스스로 미인이라고 확신할 것이다. 전체는 보지 못하고 부분만 보며, 그것도 예쁜 부분만 자꾸 보다 보면 얼굴 전체가 예쁘다고 믿게 된다. 곤과 붕이 이 세상에 자기들밖에 없는 줄 알듯, 매미나 새 역시 자기중심적이어서 곤이나 붕이 쓸데없이 먼 곳으로만 가려 한다고 비웃는다. 곤과 붕은 작은 매미와 새를 이해하지 못하고, 매미와 새 역시 곤과 붕을 이해하지 못한다. 이는 이들이 일부러 만들고 행하는 것 없이 스스로 그러함 속에서 행동하지 못하기 때문에 생기는 결과다.

『장자』는 내편, 외편, 잡편으로 구성되어 있는데 장자의 저술로 알려진 것은 내편뿐이다. 외편과 잡편은 후세인들이 장자를 흉내 내어 쓴 것으로 여겨지고 있다. 외편과 잡편에는 내편의 이야기들 보다 훨씬 재미있고 익살에 가득 찬 이야기들도 많지만, 어떤 것들 은 지나칠 정도로 조롱이 심하고 천박한 것들도 있다.

다음은 『장자』 내편, '인간세'에 나오는 사마귀 이야기다.

"사마귀는 화나면 집게를 벌리고 수레바퀴 앞을 막고 서서 자신 이 깔려 죽으리라는 것을 알지 못합니다. 이는 자신의 재능의 훌륭 함만 믿는 것입니다. 경계하고 조심해야 합니다. 자신의 훌륭함을 심하게 자랑하면서 상대의 권위를 침범하면 위태롭습니다."

장자 사상은 앞에서도 지적한 것처럼 무위자연과 무위이치로 집 약된다. 이는 노자를 바탕으로 삼고 있다. 그러나 장자는 노자의 존재론을 본체론, 인생관, 세계관, 윤리관 등으로 확충시킴으로써 이론과 실천의 합일을 꾀했다.

노자는 우주의 궁극 원리를 도(道), 곧 일(一)이라고 했고, 장자 는 한걸음 더 나아가서 태일(太一)이라고 했다. 일(一)이나 태일(太 一)이나 인간의 지성이 만들어낸 개념이 아닌가? 지성의 원천은 욕 망일 테고, 욕망 또한 지성이 만들어낸 개념이고, 그래서 모든 것 이 변하니까 결국 공과 허를 말하다가 침묵해야 할까?

서른하나.

나와 우주의 관계를 설명할 수 있는가

나를 특히 귀여워해 주고 많은 것을 가르쳐준 대선배님이 여럿
있는데, 그중에서도 특히 이기영 선생과 많은 대화를 나누었다. 오
래전 대학 2학년 때 동숭동 빨간 벽돌 건물에서 두 학기 동안 인
도 철학과 불교 철학 개론을 이기영 선생에게 들었는데, 당시 나는
"너는 떠들어라. 나는 관심이 없다"는 태도로 졸거나 딴짓을 했다.

그러나 세월이 흐르고 철학적 사유에 몰두하기 시작할 때 이기
영 선생의 가르침은 삶의 결정적인 계기를 마련해 주었다. 이기영
선생을 포함해서 정석해, 베를링거 선생과 스승들 그리고 수많은
책이 아니었다면 지금도 철학의 노예가 되어 동서 철학사의 녹음

기 역할을 뻐기고 있었을 것이다. 서양 사상의 산맥을 지나고, 유가와 도가의 벌판을 가로지르고, 힌두교와 불교의 강물을 거슬러서 주마간산 격으로나마 인간과 자연의 모습을 이모저모로 살피면서 느림과 여유의 삶을 잠시나마 맛볼 수 있는 것도 이기영 선생의 가르침과 숨결 덕분이다. 나는 독일 유학에서 돌아와서 우연히 이기영 선생님을 만나 그의 불교문화연구원에서 여러 학기 동안 서양 사상을 맛보기로 강의했다. 한창 왕성한 나이에 갑자기 뇌출혈로 타계한 이기영 선생님이 늘 보고 싶지만 그분은 항상 인자한 웃음을 던지면서 내 가슴속에서 살아 있다.

가끔씩 『우파니샤드』, 『바가바드기타』, 나가르주나를 들추는 습관은 필시 이기영 선생의 영향인 듯하다. 오래전 나는 흄(R. E. Hume)이 번역한 『13개의 주요 우파니샤드들』을 손에 넣을 수 있었고, 삶이 갑갑하고 마음의 여유가 없을 때면 마음 내키는 대로 이곳저곳을 조금씩 훑어보았다. 서양 철학에만 주로 몰두해 왔지만 『우파니샤드』의 사상 역시 우주 원리와 현상을 탐구하면서 양자의 통일 내지 합일을 추구한다는 사실을 알게 되었고, 이론이나 지식 체계로서의 철학을 떠날 채비를 조금씩 하는 나 자신을 보고 홀가분한 느낌이 들기도 했다.

인도 사상에 관한 최초의 전체 문헌을 베다(Veda)라고 하며, 베다는 찬가집(mantra)과 제의서(祭儀書, brahmana)로 구분된다. 초기 『우파니샤드』 중 일부는 제의서에 속하고, 나머지는 힌두철학을 설명한다. 『우파니샤드』를 포함한 베다는 석가모니가 입력한 기원전 480년 이전에 작성된 것이 분명하다. 학자에 따라서 설이 다른데 베다의 최초 작성 시기를 기원전 2500~2000년으로 보는 설이 있는가 하면 그 시기를 기원전 1500~1200년으로 보는 설도 있다.

아리안인들이 인도로 이주했을 때 처음에는 불, 바람, 태양 등이 숭배 대상이었지만, 점점 초월적이며 추상적인 시바, 비슈누, 바루나, 인드라와 같은 신의 형태를 가지게 되었다. 힌두교의 만트라와 브라마나는 초월적인 자연 대상과 신을 찬양하고 제사 지내기 위한 찬가와 제의서다. 물론 초기 『우파니샤드』도 일부는 정교한 제사 의식에 관한 산문이었다.

어떤 『우파니샤드』는 세계의 시초를 물로 묘사한다.

"세계의 시초에는 물이 존재했다. …… 물이 굳어진 것이 지구이며, 그것이 대기이고, 그것이 하늘이고, 그것이 신들이고 인간들이며, 그것이 벌레, 파리, 개미와 함께 동물 그리고 새, 풀, 나무와 짐승이다. 이 모든 것은 바로 견고하게 된 물이다."

『우파니샤드』의 원래 의미는 '비밀의 가르침'으로, 매우 많은 작품이 존재하지만 힌두교의 철학적 내용을 참답게 반영하는 것은 13개뿐이다. 한마디로 『우파니샤드』는 범아일여를 목적으로 삼고 있다. 초기 『우파니샤드』 몇 개를 제외하고 13개의 『우파니샤드』는 형식적인 제사 의식에 반대하고, 브라만과 아트만의 합일을 인간이 도달할 수 있는 최고의 경지로 꼽는다. 브라만(brahman)은 '기도' 또는 기도하는 말을 스스로 하게 하는 힘인데, 오늘날에는 우주 만물의 제1원인이나 자신을 우주로 나타내는 힘으로 이해하고 있다. 그러나 우주 만물의 제1원인(브라만)은 다름 아닌 인간의 내면에 있는 자아의 원리에서 발견된다. 결국 대우주의 원리(브라만)는 소우주의 원리(아트만)와 동일하다.

흄에 의하면 브라만은 여섯 가지 서로 다른 개념을 가지고 있다. 첫째, 브라만은 말이다. 브라만의 근거는 공간이고, 브라만은 지성으로서 존경받아야 한다. 브라만의 자리는 말인데, 말에 의해 모든 것이 알려지기 때문이다. 둘째, 브라만은 숨(호흡)이다. 생명의 숨은 소중하기 때문에 브라만은 소중한 것으로 존경받아야 한다. 셋째, 브라만은 시력이다. 눈은 참답게 보기 때문에 브라만은 참다움으로서 존경받아야 한다. 넷째, 브라만은 청력이다. 우리들이 듣는 하늘의 영역은 무한하기 때문에 브라만은 무한함으로서 존경받아야 한다. 다섯째, 브라만은 마음이다. 우리들은 마음으로 축복을 체험하기 때문에 브라만은 축복받을 만한 것으로 존경받아야 한다. 여섯째, 브라만은 심장이다. 심장은 견고한 근거이기 때문에 브라만은 견고함으로서 존경받아야 한다. 이렇듯 브라만은 인간의 감각기관에 깃들어 있으며, 서로 다른 성질을 지닌다.

여기에서는 『13개의 주요 우파니샤드들』에서 핵심적인 내용들을 간략하게 인용하면서 『우파니샤드』의 범아일여 사상을 개괄하고자 한다.

고대 인도의 힌두스탄을 침략한 아리안들은 힌두교의 원조인데, 이들은 여러『우파니샤드』에서 우주 만물의 원천 내지 원리에 대해 물음을 제기하고 그 답을 구하고자 한다.

"원인은 무엇인가? 브라만인가? 어디에서 우리들은 태어났는가? 무엇에 의해서 우리들은 살고 있는가? …… 고통과 기쁨 속에서 누가 우리들을 지배하며, 오, 신학자들이며, 우리들은 우리의 다양한 조건들을 살아가고 있는가?"

인간 존재는 자기 성찰이 가능하다. 개나 소는 정원에 있을 때 정원과 자신을 구분하지 못하지만, 인간은 정원과 자신을 구분하고 스스로 묻고 답한다. 고대 중국에서는 사대(四大)인 지(地), 수(水), 화(火), 풍(風) 또는 오대(五大)인 수(水), 화(火), 목(木), 금(金), 토(土)를 자연의 원인으로 보았다. 고대 그리스의 엠페토클레스는 물, 불, 흙, 공기를 자연의 네 가지 원질(原質)이라고 보았다. 이러한 다원적 원리들은 인간의 지능(지성)이 발달함에 따라서 하나의 원리로 종합된다. 그래서 고대 중국에서는 우주 자연의 원리를 도(道)나 천(天)으로 보았고, 고대 그리스에서는 우주 원리를 로고스라고 불렀다. 고대 인도의 아리안인들은 처음에는 자연의 원리를 불, 바람, 태양, 물 등 다원적 요소라고 했지만, 점차 브라만으로 넘어갔다.

13개의『우파니샤드』는 우주론적(존재론적) 원리를 찾으려는 노력을 기반으로 삼고 앎과 가치의 기준을 마련하고 제시하고자 하는 강력한 시도를 포함하고 있다. 일찍이 아리안들은 삶과 죽음을 고통으로 여겼고, 고통으로부터의 해방은 초월적인 우주 자연과의 합일에서만 가능하다고 생각했다. 힌두교 문헌은 크게 베다와 『우파니샤드』이며, 베다는 만트라(찬가)와 브라마나 두 종류로 구성된 다. 좀 더 정확히 말하자면, 시인은 만트라를 담당하고, 사제는 브라마나를 담당해서, 『우파니샤드』는 예술과 종교에 대한 인간의 자기 성찰을 내용으로 삼고 있기 때문에 철학자가 『우파니샤드』를 담당한다고 말할 수 있다.

인간의 고통은 바로 인간의 유한성 때문에 생긴다. 인간의 유한 성은 자연의 유한성을 근거로 삼는다. 따라서 고도의 지능을 갖추게 된 인간은 고통을 벗어나기 위해 자연의 불변하는 원리를 끊임없이 추구하기 시작했고, 그러한 원리를 깨닫고 하나가 된다면 모든 고뇌와 번민에서 자유로워질 수 있다고 믿었다.

"최초에는, 실로 이 세계가 존재하지 않았다. 존재하지 않은 곳으로부터, 실로 존재자가 산출되었다."

무(無)로부터 우주 자연이 산출되었다는 생각은 이미 리그베다 (Rig-Veda) 등에 포함되어 있던 내용인데, 후에 『우파니샤드』에서 체계적으로 전개되었다. 비존재나 존재, 불멸의 존재 등은 모두 하나의 자연 원리를 뜻한다. 여러 『우파니샤드』에서 이것들은 다시 '모든 것을 만드는 자', '하나의 신' 등으로 표현되고 있다. 브라만은 기도 이외에도 송가, 신성한 앎, 마법적 공식 등의 의미를 갖고 있었지만 우파니샤드 철학자들에 의해서 점차로 우주자연의 궁극 원리라는 의미를 갖게 되었다.

브라만은 고도의 지성의 성질, 즉 참다움, 무한함, 축복, 견고함 등을 지니며, 역사가 진행됨에 따라 제한적인 성질을 배제한 자아로 전환한다. 우주 자연의 원리가 자아의 궁극 원리로 바뀐 것이다.

이 시점에서 르네상스 철학자 니콜라무스 쿠자누스의 무한대(無限大), 무한소(無限小) 사상을 살펴보자. 쿠자누스는 브루노, 파라켈수스 등과 함께 15세기 르네상스 철학을 대변하는 추기경으로, 플로티노스의 일원론적 신비주의 철학의 맥을 잇는 기독교 신비주의 철학자였다.

쿠자누스는 반대의 일치(coincidentia oppositorum)와 무지의 지혜(docta ignorantia)에 대한 이론으로 잘 알려져 있다. 무지의 지혜는 '나는 나 자신이 아무것도 모르고 있다는 사실을 아는' 소크라테스 식 지혜이며, 반대의 일치는 신에 관한 지혜다. "하나님은 가장 큰 존재가 아니다. 하나님은 그보다 더 큰 것이 있을 수 없는 것이기 때문이다. 그런가 하면 하나님은 가장 작은 것이 아니다. 그 이상 더 작은 것이 있을 수 없는 것이기 때문이다. 그러므로 하나님은 궁극적으로 큰 것이면서 궁극적으로 작은 것이다. 따라서 하나님은 반대의 일치다."

다음은 이 설명을 요약해서 나 나름대로 정리한 것이다.

"하나님(Deus)은 하나님이 아니고 어떤 것(aliquid)이며 다른 것

(aliud)이다. 인간이 생각하고 말하는 하나님은 인간의 주관에 의해 제한된 것으로서 참다운 하나님이 아니기 때문이다. 그러므로 전지전능한 하나님은 어떤 것이고, 동시에 인간이 생각하는 하나님과는 다른 것이다. 그러나 인간이 말하는 다른 것 역시 제한된 것이고 참다운 것이 아니므로 참다운 하나님은 다른 것이 아닌 것(non-aliud)이다."

『우파니샤드』에서는 브라만(우주 원리)이 아트만(자아 원리)으로 전환한다고 했는데, 쿠자누스의 반대의 일치와 마찬가지로 궁극적으로는 브라만과 아트만은 하나다. 『우파니샤드』에서는 브라만을 다음처럼 묘사한다. "거미가 자신의 거미줄을 가지고 나오는 것처럼, 작은 불꽃들이 불에서 튕겨 나오는 것처럼, 그렇게 이 영혼으로부터 모든 에너지, 모든 세계, 모든 신, 모든 존재자가 생긴다. 그러므로 신비스러운 의미(우파니샤드)는 참다운 것 중의 참다운 것이다."

우파니샤드의 뜻은 신비로운 가르침 또는 신비로운 의미인데, 그것은 우주 자연의 원리인 브라만의 심오한 내용을 드러내고 가르쳐준다는 것이다. 더 나아가서 우파니샤드가 '신비스러운 의미'인 이유는 브라만은 물론이요 아트만의 뜻을 밝혀주고, 브라만과 아트만의 합일이 어떻게 이루어질 수 있고 왜 이루어져야 하는지 설명해 주기 때문이다.

"실로 브라만은 불멸하는 것이다. 브라만은 앞에 있고, 브라만은 뒤에 있으며, 오른편에도, 그리고 왼편에도 있다.

아래로, 그리고 위로 뻗치면서, 실로, 브라만은 이 모든 세계이며, 가장 넓은 영역이다."

"참으로, 여기 모든 것들이 브라만이기 때문이다."

브라만은 우주 자연 전체이자 그것의 궁극 원인이요 원리다. 그런가 하면 리그베다의 '우주적 개인의 송가에는 다음과 같은 표현이 있다.

"태양은 그의 눈에서 나왔고, 달은 그의 마음으로부터, 그리고 인드라(Indra)와 아그니(불)는 그의 입에서, 바람은 그의 숨결에서, 공기는 그의 배꼽에서, 하늘은 그의 머리에서, 땅은 그의 발에서 생긴 것이다."

또 어떤 『우파니샤드』에는 다음과 같은 내용이 있다.

"죽은 사람의 목소리는 물속으로 들어가고, 그의 숨결은 바람 속으로 들어가며, 그의 눈은 태양 속으로 들어가고, 그의 마음은 달 속으로 들어가고, 그의 귀는 하늘의 영역 속으로 들어가고, 그의 몸은 흙 속으로 들어가고, 그의 영혼은 공간 속으로 들어가고, 그의 머리의 머리카락은 식물 속으로 들어가고, 그의 몸의 털은 나무 속으로 들어가고, 그의 지와 정자는 물속으로 들어간다."

이와 유사한 표현은 리그베다에도 여러 번 나온다. 신체적 자아의 부분은 우주적 현상과 일치하는데, 이러한 일치는 마음에 존재한다. 이는 브라만이 아트만이라는 추상적 사고로 발전했다. 우주는 보편적 영혼이고 개인의 영혼은 보편적 영혼의 축소판이므로 대우주(macrocosmos)와 소우주(microcosmos)라는 사고방식이 성립한 것이다. 고대 그리스의 아리스토텔레스와 그의 사상을 물려받은 중세의 아비켄나, 아베로에스와 같은 이슬람 철학자들은 개인이 죽으면 영혼은 영원불멸하는 것이 아니라 영원한 하나의 우주영혼으로 되돌아간다고 주장했는데, 이러한 주장은 『우파니샤드』의 보편적 영혼과 개인 영혼의 합일 사상에 가깝다고 볼 수 있다.

브라만과 아트만의 두 개념은 궁극적으로 브라만과 아트만이 합일할 때까지 각각의 발전 단계를 거치면서 서로 영향을 주고받았다.

"그 안에서 이 모든 것이 하나가 되기 때문에 인간의 자아(아트만)가 있다. 바로 똑같은 것, 말하자면 이 자아는 이 모든 것의 흔적이다. 그것에 의해 우리는 이 모든 것들을 알기 때문이다. 실로, 이는 바로 우리들이 발자국에 의해 발견할 수 있는 것과 마찬가지다."

이렇듯 『우파니샤드』에는 브라만과 아트만이 어떻게 점점 서로 가까워지다가 합일하게 되는지 그 사상적 전개 과정이 상세히 드러난다.

"등불과 마찬가지로 자아(아트만)의 본성을 가지고 요가 수행자가 여기에서 브라만의 본성을 바라볼 때……."

소우주 아트만(자아)은 대우주 브라만(우주자연)에 접근하면서 브라만을 꿰뚫어보고 궁극적으로는 범아일여의 합일을 이루게 된다는 것이 『우파니샤드』의 철학적 드라마다.

다음은 『스베타스바타라 우파니샤드』에 나오는 브라만과 아트만

의 합일에 관한 시적 표현이다. 이 시에서 '그것'이나 '당신'은 범아
일여다.

그것은 확실히 불(Agni)이다. 그것은 태양(Aditya)이다.
그것은 바람(Vayu)이며 그것은 달이다.
그것은 확실히 순수한 것이다. 그것은 브라만이다.
그것은 물이다. 그것은 창조주(Prajapati)이다.

당신은 여자다. 당신은 남자다.
당신은 청년이며 또한 처녀이기도 하다.
당신은 늙은이로 지팡이를 짚고 비틀거린다.
태어나서 당신은 모든 방향을 마주하게 된다.

당신은 검푸른 새이며, 빨간 눈을 가진 초록 앵무새다.
당신은 어린아이처럼 빛난다. 당신은 계절이고 바다다.
아무런 시작을 가지지 않고 당신은 모든 곳에 침투하며, 그로부
터 모든 존재자가 태어났다.

브라만과 아트만에 관한 철학적 사색은 궁극적인 범아일여(브라
만과 아트만의 합일)와 현상으로서의 브라만은 구분해야 한다고 주
장한다. 눈에 보이는 현상 세계는 감각적 다수성에 불과하고 그것

은 환상이기 때문이다. 두말할 필요도 없이 이와 같은 생각은 고대 그리스의 피타고라스나 플라톤의 존재론에 매우 가깝다. 피타고라스는 감각적 현상 세계는 참답지 못하고 배후에는 영원불변하는 수(數)의 존재가 있다고 했다. 플라톤은 현상 세계와 그 원형(原型)으로서의 이데아를 구분했다. 우파니샤드 철학 역시 고도의 추리 과정을 거침으로써 우주 원리(브라만)와 자아 원리(아트만)를 해명하고 결국 양자의 합일을 주장하는 단계에 도달한다.

『찬도갸 우파니샤드』, 『브리하드아라냐카 우파니샤드』, 『카타 우파니샤드』 등 여러 곳에서 환상(Maya)이 무엇인지, 왜 환상을 벗어던져야 하는지, 브라만과 아트만의 합일이 어떤 것인지 다양하게 표현되고 있다.

"모든 사물의 내면적 영혼(antaratman)……,

그는 하나의 형태를 다양하게 만든다."

여기에서 내면적 영혼의 소유자는 브라만(또는 아트만)이고 다양하게 된 것은 자연 현상, 곧 우리들이 감각으로 지각하는 세계, 즉 환상에 해당한다.

"그는 형태에 있어서 모든 형태에 일치하게 되었다.

이것은 그의 형태로 바라보아야만 한다.

인드라(Indra)는 그의 마력(maya)에 의해서 여러 가지 많은 형태로 된다.

그의 1,000필의 말들은 멍에에 매여 있다."

마야는 마력, 환영, 미망을 뜻하는데, 브라만이나 아트만을 알지 못하고 감각적 현상 세계를 참답다고 하는 것은 마야 때문이다. 말하자면 마야는 우주 원리와 자아 원리를 보지 못하게 하고 감각으로만 알게 함으로써 환영 내지 환상만 보게 한다.

『타이티리야 우파니샤드』, 『카타 우파니샤드』 등에는 브라만과 아트만의 합일을 인식론적 및 윤리적 차원에서 최고의 경지로 묘사하고 있다.

"마음과 함께 말들은 그곳으로부터, 브라만의 축복을 얻지 못한 채, 되돌아온다."

'그곳'은 브라만과 아트만의 합일이다.

"'이것이 그것이다.' 그러므로 그들은 최상의, 기술(記述)할 수 없는 행복을 안다."

『만드캬 우파니샤드』에서는 아트만과의 합일을 위해서는 네 단계가 필요하다고 노래한다. 첫 번째 단계는 깨어 있는 의식의 단계다. 이 단계는 감각 지각에 의존하므로 현상의 환영만 본다. 두 번째는 꿈꾸는 수면의 단계다. 세 번째는 꿈 없는 수면의 단계다. 세 단계는 점점 환영과 미망이 줄어들긴 하지만 아직 깨달음과는 거리가 멀다. 네 번째는 아트만과 하나가 되는 단계다. "내적으로 알지 않고, 외적으로 알지도 않으며, 내외로 알지도 않고, 앎의 덩어리가 아니어서 인지적이지 않고, 비인지적이지도 않고, 보이지도 않으므로 그것을 다룰 수 없고, 파악할 수 없으며, 명확한 징표가 없

고, 생각할 수 없으며, 지시할 수도 없어서, 그것의 확실한 본질은
아트만과 하나 되는 상태다."

원래 리그베다에는 윤회·전생에 대한 언급이 없었다. 그러나 아
타르바베다에 이르러 윤회·전생설이 등장하여 브라만과 아트만의
합일은 인간이 다양한 체험과 심원한 명상, 자기 성찰, 자기반성 등
험난한 과정을 거쳐야 이루어질 수 있음을 보여주었다. 플라톤, 플
로티노스, 기독교 신학자들은 순수하고 영원한 존재를 알고 그것
에 가까이 가기 위해 윤회설을 제시했다. 가장 불순하고 무지하며
무가치한 것으로부터 점점 더 순수하고 가치 있으며 선하고 절대
적인 것으로 가기 위해서는 정화의 과정이 필요하다. 그 외에 『카
타 우파니샤드』, 『문다캬 우파니샤드』, 『프라스나 우파니샤드』 등
에서도 윤회설이 다양하게 묘사되고 있다.

"어떤 것은 신체적 존재를 구현하기 위해서
자궁으로 들어간다.
다른 것들은 그들의 행위에 따라서, 그들의 앎에 따라서
정지해 있는 사물 속으로 들어간다."
"소리 없고, 만질 수 없고, 형태 없고, 불멸하는 것은,
맛볼 수 없고, 항구적이고, 냄새 없는 것처럼
시작이 없고, 끝이 없고, 큰 것보다 더 높이 있으며, 정지하여 있
고, 그것을 앎으로써 우리들은 죽음의 입에서 해방된다."
"그러나 준엄함, 순결함, 믿음 그리고 앎에 의해서 아트만을 찾는

그들은…… 그들은 되돌아오지 않는다."

"그리고 그가, 더 높은 것과 더 낮은 것 모두를 볼 때 그의 행동(업보, karma)은 정지한다."

우주 자연과 자아를 나누어 보자면 브라만과 아트만을 이야기할 수 있지만, 우주 자연과 자아를 동시에 볼 경우 브라만과 아트만의 합일이 바로 양자의 원리요, 원인이라고 할 수 있다. 그러므로 『우파니샤드』에서 말하는 범아일여는 앎(인식론)의 근거이자 존재(형이상학)의 원인이고, 행동(윤리)의 기준이기도 하며, 정서(미학)의 근원이기도 하다. 즉, 범아일여는 인간이 깨닫고 도달해야 하는 궁극적인 상태다. 따라서 플라톤의 이데아나 도가의 도 또는 유가의 천과 유사한 의미를 가진다고 할 수 있다.

종교란 모름지기 인간이 스스로 더할 수 없이 나약하고 초라하며 유한하고 상대적인 존재임을 깨달으며 뿌리를 내린다. 종교는 정서와 의지와 지성의 복합이며, 특히 지성과 의지가 중요한 역할을 할 경우 체계적인 종교가 성립된다. 포이어바흐는 인간이 자기 자신을 절대화시키기 위해 종교를 만들어냈기 때문에 종교, 특히 기독교는 인간의 본질에 일치한다고 주장했다. 니체 역시 인간이 다른 인간을 지배하기 위해 완전하고도 절대적인 신을 만들어냈다고 말했다. 스피노자는 인간의 정서의 근거를 노력 내지 성향이라고 했는데, 나는 존재론적 입장에서 인간의 능력(지, 정, 의일 수도 있고 노력이나 성향일 수도 있는)의 원천을 에너지라고 여긴다.

인간의 심연에 자리 잡은 원천적 에너지의 일부는 지성인데, 지성에 의해 브라만과 아트만, 범아일여가 구성되면서 이 개념을 중심으로 무수한 개념 및 다양한 사고방식이 『우파니샤드』를 통해 전개되었던 것이다. 인간은 『우파니샤드』의 핵심 사상을 창조해 냈으며, 동시에 그에 의해 영향 받고 창조되었다. 범아일여와 같은 『우파니샤드』의 근본 사상은 지성이 전개됨에 따라 해탈, 열반, 궁극적으로는 공이나 허 사상으로 진행되면서 그 생명을 다하게 되지 않을까?

서른둘,

일생에서 벗어나는 방법이 존재하는가

힌두교와 힌두 철학의 문헌 중에서 가장 중요한 것이 『우파니샤드』라면 그다음으로 중요하게 평가되는 것이 『바가바드기타』다. 이 시는 인간 지혜의 참다운 보고(寶庫)로 알려져 있는 마하브하라타(Mahabharata)의 한 부분이며, 전부 18장 700절로 구성되어 있다. 내용은 매우 간단해서 마부 크리슈나(Krishna)와 왕자 아르주나(Arjuna)의 대화로 이루어져 있다. 판다바(Pandava) 가문과 카우라바(Kaurava) 가문이 전쟁터에서 서로 싸우고 있었는데, 판다바 가문에서 가장 탁월한 능력을 가진 아르주나 왕자가 좌절하여 전쟁에 뛰어들기를 포기한다. 그러자 마부 크리슈나는 왕자에게 의

무가 무엇인지를 가르쳐주면서 전쟁에 참여하여 참다운 용기를 보여주라고 충고한다.

가끔 우연은 행운을 가져다준다. 나는 짐머(Heinrich Zimmer)의 『인도의 종교와 철학』과 라다크리슈난(S. Radhakrishnan)의 『인도철학사』에서 『바가바드기타』를 발견하는 순간 너무 반가워서 한참 우두커니 서 있다가 책을 빼어들고 겉표지를 넘겼다. 라다크리슈난이 서론과 주석을 쓰고 지그프리트 린하르트(S. Lienhard)가 산스크리트를 직접 독일어로 번역한 산스크리트-독일어판 『바가바드기타』는 지금까지 내 책상 위에서 뒹굴고 있으면서 가끔 내 손길을 기다린다.

『바가바드기타』의 원래 제목은 '가장 고귀한 자의 노래의 가르침 (Srimad-bhagavad-gita-upanisadas)'이다. 『바가바드기타』는 기원전 5세기쯤에 작성되었기 때문에 그 안에는 베다와 『우파니샤드』의 내용이 모두 포함되어 있고, 특히 형이상학(존재론)과 윤리학에 관한 내용이 핵심을 이루고 있다. 『바가바드기타』에서 크리슈나는 아르주나의 욕망이 산야사(명상을 추구하는 자)의 욕망과 같다고 말한다. 아르주나는 왕자이고 전쟁터에서 왕자의 의무는 전투 참여. 명상을 추구하는 자(산야사)는 험난한 현실을 극복하기보다 도피하는 경향이 있어서 아르주나 역시 힘든 전쟁을 피하고 싶어한다. 아르주나는 가족, 친척, 가까운 사람들의 선(善)을 위해 맞서서 싸우는 것이 전쟁이라고 생각한다. 즉, 전쟁이 고통을 가져다주는 세속적인 것이기 때문에 피하고 싶어 하면서도, 자기 자신과 주위 사람들을 위해 치러야 한다고 생각하고 있으므로 갈등하고 있었다. 그러나 마부 크리슈나는 처음 전쟁에 참여하기로 작정했던 아르주나의 결심을 상기시키고 본래의 의무를 다할 것을 충고했고, 결국 승리를 위해 왕자가 전쟁에 적극적으로 참여하기로 결단을 내리게끔 한다.

줄거리는 간단하지만, 베다와 우파니샤드의 사상을 포함하고 있으면서도 특히 형이상학과 윤리학에서 한층 더 복잡하고 심원한 내용을 담고 있다. 따라서 『바가바드기타』는 힌두교 사상의 특정한 부분이 아니라 힌두교 철학 전체를 표현하는데, 베다의 제의식, 초월적 브라만·아트만에 대한 『우파니샤드』의 이론, 이신론, 상키야 요가 철학 등을 모두 포함하고 있다.

우파니샤드에 많이 나오는 구절인 "그것이 너다(tat tvam asi)"에서 그것은 신을 가리킨다. 그로부터 "신은 나 자신이다"라고 판단할 수 있다. 영혼이 신체의 원리인 것처럼, 신은 영혼의 원리인 것이다. 힌두교의 신은 지혜, 사랑, 완전함인데 신은 브라만, 시바 또는 비슈누로 표현된다. 따라서 브라만, 시바, 비슈누는 하나의 신이고 『기타』에서 마부 크리슈나는 신을 상징하는 존재로서 왕자 아르주나에게 삶의 길을 인도해 주는 역할을 담당하고 있다.

마부 크리슈나는 왕자 아르주나의 스승으로서 아르주나에게 파괴 불가능한 것(aksita), 부동(不動)의 것(acyuta), 삶의 참다운 핵심(prana)이 아르주나 자신이라는 것을 깨우쳐주려 한다. 크리슈나는 아르주나에게 삶의 최고의 목표를 제시한다.

"브라만인 유일한 철자 옴(Om)을 말하는 자가 자신의 신체를 떠나갈 때 나를 기억한다면 이러한 사람은 최상의 목표에 도달한다."(『바가바드기타』, VIII, 13)

"브라만의 영역에서 시작한 모든 세계는 재생에 소속되어 있다. 그러나 쿤티의 아들(아르주나)로, 사람들이 내게 도달하면 새로운 출생으로서의 복귀는 결코 존재하지 않는다."(『바가바드기타』, VIII, 16)

전쟁터는 판다바 가문과 카우라바 가문의 전쟁이 벌어지는 곳이지만, 궁극적으로는 아르주나가 직면하고 있는 삶의 전쟁을 비유하고 있다. 전쟁터의 진짜 적은 욕망과 분노다. 욕망과 분노에 휩싸이면 우주 원리인 브라만은커녕 자아 원리인 아트만도 붙잡을 수 없다.

"모든 것을 집어삼키면서, 가장 큰 죄악을 범하면서 고통스러운 현상의 형태에서 생기는 것은 욕망이요 분노다. 그 분노가 적이라는 사실을 알아야 한다!"(『바가바드기타』, III, 37)

크리슈나가 왕자 아르주나에게 전쟁에 참여하기를 결단하라고 충고하는 것은 삶의 고통과 갈등의 문제를 적극적으로 해결하라는 뜻이다. 크리슈나는 우선 감각 대상에 고착되면 욕망이 불붙고, 그렇게 되면 분노가 일어나서 모든 것이 혼란하게 되며, 드디어는 기억이 혼미해져서 정신이 파괴됨으로써 인간 자체의 멸망이 초래

되고 만다는 사실을 가르쳐준다.

"한 인간이 감각 대상을 염두에 둔다면 감각 대상에 대한 집착이 생긴다. 그러한 집착에서 욕망이 생기고 욕망으로부터 분노가 생긴다."(『바가바드기타』, II, 62)

왕자의 마부이자 스승인 크리슈나는 실은 신, 곧 시바 내지 비슈누로서 왕자 아르주나에게 삶의 전쟁에서, 바로 자기 자신과의 전쟁에서 감각 지각을 극복하고 지혜로써 욕망과 분노를 물리치라고 가르침으로써 브라만·아트만과 하나 되는 길을 제시한다. 크리슈나가 제시하는 길은 베다와 『우파니샤드』의 사상에 따라서 외부의 공동체 사회에 참여하여 그곳에 예속되는 것이 아니라, 내면의 정신적 본성을 통찰하고 발전시키는 것이다.

서론에서 라나크리슈난은 인생을 카드놀이에 비유한다. 개인은 결정론적으로 인생(삶)이라는 카드를 받고 태어난다. 출생은 숙명이다. 그렇지만 인생이 전개되기 시작하면, 즉 카드놀이가 벌어지면 인간은 자신의 자유의지에 의해 카드놀이를 잘할 수도 있고 못할 수도 있다. 전쟁터에 일단 참여할 경우 참여자는 자신의 자유의지에 따라 이길 수도 있고, 패할 수도 있다. 삶은 갈등, 모순, 미망, 환상 등 여러 가지 마야로 뒤덮여 있으므로 끊임없는 수양과 결단에 의해서만 마야를 깨부술 수 있는 것이다.

"바람이 잔잔한 곳에서 램프는 깜박이지 않는다. 자신의 생각을 길들이고 최상의 자기 자신과의 통일을 추구하는 요가 수행자는

램프에 비할 수 있다."(『바가바드기타』, VI, 19)

보통 우리들은 요가(yoga)를 다이어트 운동 정도로 알고 있으나 원래 뜻은 전혀 다르다. 요가는 '함께 묶는다'는 뜻의 어간 '유(yuj)'에서 생겼고 그 의미는 '묶다, 균형 잡기, 우리의 영혼력의 상승' 등이다. 쉽게 말하자면 마음의 순화 내지 정화 또는 마음의 고양 등의 의미를 가지고 있다고 말할 수 있다.

"그는 이 자리에 앉아서 자신의 정신을 한 점으로 향하여 사고와 감각을 다스리고, 그렇게 영혼을 정화시키기 위해서 요가를 실행한다."(『바가바드기타』, VI, 12)

크리슈나는 아르주나에게 우주와 현상과 원리를 알고 최상의 경지에 들어가는 깨달음의 진리가 있다고 가르친다. 깨달음의 진리에 도달하기 위한 길은 세 가지가 있는데, 앎과 사랑(헌신)과 행동이다.

"사랑하는 것에 도달할 경우 사람들은 기뻐해서는 안 되며, 사랑하지 않는 것에 도달할 경우 사람들은 슬퍼해서는 안 된다. 정신이 확고하고 미혹되지 않는 사람, 그렇게 신을 아는 사람은 신 안에 견고하게 서 있다." (『바가바드기타』, V, 20)

앎과 사랑과 행동에 의해 자유의지를 결단하고 표현하는 사람은 범아일여와 하나가 될 수 있다는 힌두철학의 핵심 내용이 담겨 있는 것이다. 앎과 헌신과 행동은 전쟁에서 적을 물리칠 수 있는 가장 강력한 무기이기도 하다. 다시 말해서 앎, 헌신, 행동은 삶의 갈등, 욕망, 분노 등을 극복하고 브라만·아트만 합일의 경지에 도달할 수 있는 길(요가)이다. 앎은 미망과 환상에서 벗어나게 해주고, 헌신은 욕망을 부정하고 신의 사랑을 맛보게 해주는 심원한 체험이며, 행동(또는 업)은 아르주나로 하여금, 곧 인간들로 하여금 슬픔과 악의 없이, 예속감과 분노 없이 적과 삶의 갈등을 격퇴하게 만드는 길인 것이다.

그렇다면 『바가바드기타』의 궁극 목적은 과연 무엇인가?

"그러므로 언제나 애착 없이 실행하는 행동을 완수하라. 인간은 애착 없는 행동을 통해 최상의 것에 도달하기 때문이다."(『바가바드기타』, III, 19)

여기에서 애착 없는 행동은 헌신이고, 헌신은 순수한 의무에 따른 행동이며, 최상의 것은 두말할 필요도 없이 범아일여(브라만·아트만의 합일)다.

"믿음을 가지고 투덜대지 않고 모든 시간 나의 가르침을 따르는 사람들은 결박으로부터 해방될 것이다."(『바가바드기타』, III, 31)

"구원을 추구했던 옛 조상 역시 그러한 것을 알면서 일을 수행했다. 그러므로 과거에 옛 조상들이 일을 행한 것처럼 너 역시 일을 행하라."(『바가바드기타』, IV, 15)

'가르침'으로 앎, 헌신, 행동에 의해 최상의 것에 도달할 수 있고, 최상의 것에 도달한 상태는 해방이다. 일을 수행한다는 것은 앎과 헌신을 가지고 최상의 것에 도달하기 위해 실천한다는 뜻이다.

"그는 나에게서 자기의 피난처를 취하고, 영원히 모든 것을 정리하면서 내 은혜를 통해 영원하고 불변하는 거주지에 도달한다." (『바가바드기타』, XVIII, 56)

이렇게 지혜(앎)와 사랑(헌신)과 행동(업적)은 결국 영원불변하는 거주지에 도달하게 된다.

"이것을 생각하고, 이것으로 자기들의 전체 의식적인 존재를 향하게 하며 이것을 자기들의 유일한 목표로 만들고, 자기들의 헌신의 유일한 대상으로 만드는 사람들은 아무런 회귀도 존재하지 않는 상태에 도달한다. 지혜는 그들의 죄를 씻어버린다."(『바가바드기타』, V, 17)

결국, 더 이상 재생이나 회귀, 윤회가 존재하지 않는 최상의 상태(범아일여)에 도달하는 것이 목적이다. 그 이외에도 완성, 신과의 합일, 궁극적 휴식, 브라만 안에서의 휴식, 신성으로서의 전환 등 여러 가지로 말할 수 있다. 그러나 이 모든 것을 한마디로 종합하면 바로 해탈이다. 해탈은 다름 아닌 열반이다. 『바가바드기타』는 다음처럼 끝난다.

"요가의 주인인 크리슈나와 아르주나가 있는 곳에는, 내가 생각건대, 행복, 승리, 안녕 그리고 올바른 도덕이 존재한다."(『바가바드기타』, XVIII, 78)

행복, 승리, 안녕, 올바른 도덕은 깨달음, 곧 해탈의 경지를 말한다. 해탈에는 두 가지가 있다. 소수의 지혜를 추구하는 사람들은 사회적 선과 의무의 수행을 지혜에 의해 실천하고자 한다. 일반인은 신의 은혜를 통해 해탈하고자 한다. 『바가바드기타』의 궁극적인 목적은 두 번째 해탈을 말한다.

『바가바드기타』의 목적은 해탈이요 깨달음이다. 베다, 『우파니샤드』, 『바가바드기타』의 가르침은 결국 불교에 이르러서 절정에 도달한다. 나는 이제껏 온갖 고통으로부터 해방되고 깨달음을 얻기 위해 허덕이면서 삶의 여정을 살아왔다. 그러나 "깨달음이란 없다. 깨달음에 집착하지 말고 깨달으려고 애쓰지 말라. 깨달음에 집착하면 깨달음에 매달려 질식하게 되어 깨달음과는 멀어지게 된다"는 말이 생생하게 들려온다. 그렇다면 해탈도, 열반도 없단 말인가?

서른셋,

철학과 함께 사는 삶을 음미하는
최상의 길은 무엇인가

어려서부터 우리나라의 종교 현실 또는 현실적 종교에 대해 회의적이었다. 아버지는 내가 중고등학생 시절, 그러니까 40대일 때 몇 년간 교회에 열심히 나가더니 무교회 신자가 되어 집에서만 가끔 기도했다.

"아버지, 집사까지 되셨는데 왜 교회를 안 나가세요?"

"교회가 너무 세속적인 거 같아서. 진실한 믿음보다는 사교 장소 같아서 나가기 싫어지더라. 혼자 조용히 기도드리는 편이 신앙에 더 솔직한 것 같아. 시끌벅적 소리 지르며 기도하고 설교하는 것이 도가 지나친 것 같아서 말이야."

아버지는 평생 조용히 자신이 할 일만 하는 성실한 성품의 소유자였다. 어머니는 종교가 없었고 오히려 미신에 관심이 많았으나, 5남매와 남편을 챙기느라 특별히 신앙 생활을 할 틈이 없었다.

그래서 어린 시절에는 아버지를 따라서 잠시 교회에 나갔고, 가까운 친구가 절에 가면 따라가서 하루 이틀 사찰 밥을 먹으면서 참선하는 척도 해보았다. 아버지가 기독교 신자여서 그런지 집안에는 제사도 없었다.

본격적으로 종교에 관심을 가지고 유교, 불교, 도교, 기독교, 이슬람교, 그리스·로마 종교에 관한 문헌을 들추기 시작한 것은 1970년대 중반 독일 유학 시절부터다. 귀국해서는 학부와 대학원에서 종교 철학에 관해 여러 차례 강의도 했다. 중세 기독교 철학에 관한 책을 쓰기도 했고, 최근에는 아우구스티누스의 『고백록』도 번역했다. 이제야 종교에 관해 눈뜨기 시작한 모양이다.

러셀은 수학자들의 견해가 다른 것이 수에 관한 수학자의 믿음이 서로 다르기 때문이라고 했는데, 여기에서 말하는 믿음은 종교적 신앙이 아니다. 그러나 믿음은 종교적 신앙의 바탕이고, 정신분석학적 관점에서 본다면 충동이자 욕망이다. 그렇다면 믿음은 인간의 가장 원초적인 에너지다. 그래서 개인이나 민족의 성격이나 현재 상태를 점검하는 데 가장 중요한 것이 종교 정신이다.

나는 여유가 생기면 신앙, 곧 종교 정신, 또는 우리나라의 종교 정신은 무엇인지에 대해 골똘히 생각한다. 불교가 들어오기 전까지 고구려, 신라, 백제의 원시 종교는 샤머니즘이었다. 그러나 불교가 중국에서 들어온 후 불교는 고려의 국교가 되었다. 고려 말부터 유교가 들어오기 시작했고, 조선의 태조 이성계가 명나라와 손잡으면서부터 유교는 조선의 국교가 되었다. 조선 말에 기독교가 들어오기 시작했고 21세기 지금은 언덕배기에 올라가서 사방을 휘휘 둘러보면 십자가가 안 보이는 곳이 없다. 그렇다면 우리나라 사람들은 샤머니즘(제사 지내고 점치며 굿하는 민속 신앙), 유교, 불교, 기독교 등 네 가지 종교 신앙으로 확연히 구분되는가? 그렇지는 않다.

대부분의 사람들은 기독교를 믿으면서도 제사는 지낸다. 나는 우리의 종교 정신에 대한 자기 성찰을 강조하기 위해 제자들에게 이렇게 말하곤 한다.

"우리가 중국에서 불교를 받아들인 것은 불교라는 종교를 믿기 위해서였을까, 중국에 접근하기 위해서였을까? 유교는 어떤가? 그리고 조선조 말에 기독교를 받아들이고 현재 기독교가 번창한 것은 기독교라는 종교를 진심으로 믿기 위해서였을까, 아니면 미국에 가까워지기 위해서였을까?"

때로 가까운 친척들에게, 특히 교회 장로나 권사 직을 맡고 있는 사람들에게 난처한 질문을 던져서 미움을 사기도 한다.

"예수는 왜 하필 여자가 아니고 남자지? 남존여비 사상이 너무 심하잖아? 그래서 나중에 여성해방운동의 일환으로 성모마리아라는 개념이 만들어진 것 아닐까? 게다가 하나님 어머니가 아니고 왜 하나님 아버지야? 유대교나 원시 기독교 모두 부권 중심적(夫權中心的), 남성 중심적 사고방식이 만연할 때 그 기초가 확립되어서 그럴까? 원수를 사랑하라는 것이 기독교나 기독교의 사촌인 이슬람교의 최고 덕목이자 명령인데, 전쟁이 끊이지 않고 살상이 계속되는 이유는 무엇이지? 침략 전쟁이 일어날 때마다 목사나 신부가 군대와 함께 참전하는 건 전쟁을 말리기 위해서야, 아니면 침략국에 기독교를 퍼뜨리기 위해서야?"

우리 사회는 너무 빨리 흘러가고 사방을 둘러보아도 각박하기 짝이 없다. 고대로부터 현재에 이르기까지 샤머니즘으로부터 불교, 유교, 기독교로 종교 정신을 이전해 온 것도 우리의 정신이 풍요롭지 못하고 각박했기 때문이다. 이웃나라 일본만 해도 기독교 신자가 인구의 1퍼센트도 되지 않는다고 한다. 물론 여러 종교 정신을 고루 갖추고 있으면 급변하는 세계에 잘 적응할 수 있다는 장점이 있다. 그러나 전통적인 샤머니즘 정신을 바탕으로 여러 신앙을 녹이고 융화시켜서 주체적 정신을 확립해야 한다.

다시 느림과 여유의 삶으로 시선을 돌려보자. 오래전에 불교에 관한 책을 보는데 다음과 같은 내용이 있었다.

"깨달음에 관해 가르치다 보면 하근(下根), 중근(中根), 상근(上根)의 세 부류의 사람이 있다는 것을 알게 된다. 하근은 제아무리 가르쳐도 깨달음과는 거리가 먼 사람이다. 중근은 죽기 살기로 애써서 가르치면 겨우 알아듣는 사람이다. 상근은 가르치지 않아도 스스로 깨우치는 사람이다."

많이 배우고 똑똑한 놈일수록 사기꾼과 도둑놈이 많다는 이야기가 있다. 오히려 중생심불심은 능력의 상하를 구분하지 않고 범아일여와 일맥상통하는 의미를 가지고 있다. 나는 재미 삼아서 불각고시각(不覺故始覺), 시각고본각(始覺故本覺), 각고묘각(覺故妙覺)이라는 한문 글귀를 만든 적이 있다. 깨닫지 못했으니 깨닫기 시작하고, 깨닫기 시작했으니 본래적인 깨달음에 도달한다는 뜻이다. 그래서 홀연히 깨달으면 깨달음에 때가 끼지 않도록 끊임없이 갈고닦으면서 수양해야 한다고 해서 돈오점수라는 말이 생긴 것이 아닌가?

얼마 전부터 전원주택이라든가 귀농 또는 둘레길 같은 단어가 심심찮게 사람들 입에 오르내리고 있다. 각박한 현실의 삶을 피해서 느림과 여유의 삶을 찾으려는 갈망을 반영하는 것일 테다. 각자 나름대로 느림과 여유의 삶을 찾아가고 있다. 나는 지금까지 철학이라는 학문의 감옥에 갇혀 있으면서 그곳을 허물 생각은 하지 않고 그 안에서 소크라테스, 칸트, 후설, 하이데거, 주자, 퇴계, 용수, 의천 등을 외우고 또 외우면서 그들의 말이 진리라고 믿고 전도하기에 바빴다. 돌이켜 보면 공허하고 각박한 철학이었다. 껍데기 철학을 과감히 던져버리려고 해도 너무 긴 시간 들러붙어 있었는지 잘 떨어지지 않는다.

꽤 오래전에 외국에서 『불교의 열반 개념』을 구한 적이 있었다. 나가르주나의 열반 사상을 상세히 분석하고 해설하면서 책의 뒷부분에 나가르주나의 산스크리트 원문을 그대로 싣고 있었다. 지금은 틈날 때마다 '열반'에 몰두하면서 '열반'을 망각하는 틈을 맛보고 있다.

"열반은 버려지는 것도, 얻어지는 것도 아니고, 무화되는 사물도 아니고, 영원한 사물도 아니다. 그것은 파괴되지도 않고 산출되지도 않는다."

나가르주나는 이분법적 사고를 버리라고 주장한다. 말하자면 사물을 분별하는 지성을 넘어서서 우주 자연과 자아의 내외, 전체와 부분 형식과 내용 등을 통찰하는 지혜에 도달하는 것을 궁극적인 깨달음, 곧 해탈이나 열반으로 보는 것이다. 나가르주나는 2~3세기의 인물이므로 이미 베다, 『우파니샤드』, 소승불교 등에 정통했고, 대승불교의 기초를 마련했을 뿐만 아니라 중관론의 시조이기도 하다. '모든 것이 헛되고 헛되도다'라는 말은 일상적 의미의 공, 허가 결코 아니다. 산스크리트어 '순야(sunya)'는 '빈, 상대적인, 우연적인' 등의 의미를 가지고 있다. 명사 '순야타(sunyata)'는 '상대성, 우연성' 등을 뜻한다. 우주 만물과 자아는 끊임없이 변화하기 때문에 상대적이고 우연적이라는 뜻이다. 그래서 한문으로 우주와 자아를 모두 공과 허로 표현하는 것이다.

나가르주나의 열반관은 원효의 깨달음에 관한 언급과 일맥상통한다. "깨달음으로 말하자면 그것은 이것도 아니고 저것도 아니다. 이 세상과 극락은 본래 한마음이다. 생사와 열반은 두 가지가 아니다."

대개의 종교는 절대적 신을 내세운다. 절대적 신은 내세우지 않더라도 도가는 우주 원리 도를, 유가 역시 우주 원리 천을 내세운다. 그러나 불교는 절대자 신도, 절대 원리도 내세우지 않고 절대 경지, 곧 깨달음만 내세운다. 석가모니 역시 깨달은 3만 명의 불타 중 한 사람에 지나지 않는다.

나가르주나는 깨달음마저도 상대적이요 우연적이니 곧 깨달음도 공이요 허이며, 깨달음도 버리는 깨달음을 부단히 정진할 것을 가르친다. 나는 지금 돈오점수도, 점수돈오도 아닌, 점수점수라는 말의 덫에 걸려서 허덕이고 있다. 나가르주나는 깨달음을 버리고 새로운 깨달음을 얻으라고 하지만, 깨달음을 버린다는 생각조차 망각한 채 자아의 껍질을 깨려고 발버둥치고 있다.

이제는 더 이상 느림과 여유의 삶을 찾지 않는 것이 느림과 여유의 삶을 음미할 수 있는 최상의 길이 아닐까 하는 생각이 든다.

자기 성찰의 문을 조금씩 두드릴 때,
비로소 그 문이 조금씩 열리리라

길고도 짧은 여정이 삶의 길이다. 오랫동안 많은 사람들과 대화, 토론, 담론, 의사소통, 창조적 문화, 자기비판과 자기 성찰에 관해 많은 이야기를 나누었다. 이제 나는 느림과 여유의 삶을 맛보기 위해 지금까지 내가 걸어온 여러 갈래의 오솔길을 다시 한 번 혼자서 걸어본다. 나만의 오솔길을 우리의 오솔길로 만들기 위해, 언젠가는 많은 벗을 오솔길로 초대하기 위해 낙엽 수북이 쌓인 어두운 오솔길을 쓸쓸히 홀로 걷는다.

정리되지 않은 생각과 글이 제멋대로 널려 있는 느낌이 든다. 하기야 정리, 질서, 체계, 조화와 같은 개념에 너무 긴 시간 갇혀 있었으니, 이제부터 그러한 개념의 감옥에서 과감히 벗어나고 싶고 실제로도 어느 정도는 벗어난 것 같다. 오래전부터 나는 제자들에게 농담 반, 진담 반으로 "철학의 상자를 부수고 철학사의 감옥을 폭파하라!"고 떠들었다. 그렇지만 인간 사회와 역사는 굳어져버린 이성의 전통과 관습과 문화를 더욱 굳혀나간다. 느림과 여유의 삶은 불가능하고, 대부분의 인간은 바쁘고 각박한 삶과 사회를 숙명으로 받아들일 것이다.

그러나 사람들은 질식할 것 같은 순간에 직면할 때마다 느림과 여유의 삶을 갈망하면서 자기 성찰의 문을 두드린다. 자기 성찰의 문이 조금씩 열리기 시작할 때 느림과 여유의 삶도 점차 빛을 발하지 않을까? 삶의 한순간, 찰나마다 무지개처럼 영롱하게 빛나는 이유는 어디에 있을까?

오랜 시간 인내심을 가지고 인문학 양서 출간에 정성을 기울여 온 해냄출판사 편집진과 출판 정신을 올곧게 고집해 온 송영석 사장 덕분에 이 책이 빛을 볼 수 있었음을 밝힌다.

철학으로 산다는 것

초판 1쇄 2015년 9월 15일

지은이 | 강영계
펴낸이 | 송영석

편집장 | 이진숙 · 이혜진
기획편집 | 박신애 · 박은영 · 정다움 · 정다경
디자인 | 박윤정 · 김현철
마케팅 | 이종우 · 허성권 · 김유종 · 한승민
관리 | 송우석 · 황규성 · 전지연 · 황지현

펴낸곳 | (株)해냄출판사
등록번호 | 제10-229호
등록일자 | 1988년 5월 11일(설립일자 | 1983년 6월 24일)

04042 서울시 마포구 잔다리로 30 해냄빌딩 5 · 6층
대표전화 | 326-1600 **팩스** | 326-1624
홈페이지 | www.hainaim.com

ISBN 978-89-6574-489-4

이 도서의 국립중앙도서관 출판예정도서목록(CIP)은 서지정보유통지원시스템 홈페이지(http://seoji.nl.go.kr)와
국가자료공동목록시스템(http://www.nl.go.kr/kolisnet)에서 이용하실 수 있습니다.(CIP제어번호: CIP2015023291)